İtalyan reseptləri 2023

Dadlı ənənəvi reseptlər

Mario Ranieri

MÜNDƏRİCAT

Sarımsaq Bruschetta 12

Pomidor Bruschetta 14

Pomidor və Avokado Bruschetta 16

Lobya və göyərti tostları 18

Toyuq qaraciyəri tostları 20

Zucchini və Pendirli Tostlar 22

Noxudlu Tostlar 24

Brokoli tostları 26

Badımcan və pomidor tostları 28

"Kiçik Portağal" Düyü Topları 31

"Telefon-tel" düyü topları 35

icilian Noxud Unlu Börek 39

Fesleğen köftesi 41

Qızardılmış adaçayı yarpaqları 43

Qarışıq Yaşıl Salat 46

Üçrəngli Salat 48

Limon və Şam Fındığı ilə Yaşıl Salat 50

İspanaq və yumurta salatı 52

Arugula və Parmigiano salatı 54

Roma Bahar Salatı 56

Qorqonzola və qoz ilə yaşıl salat 58

Pomidor, mozzarella və reyhan salatı 61

Neapolitan Pomidor və Çörək Salatı 63

Toskana Çörək Salatı 65

Pomidor, Arugula və Ricotta Salata Salatı 67

Pomidor və yumurta salatı 69

Avokado və pomidor salatı 71

Riviera salatı 74

Turşu Tərəvəzlər 76

Rus salatı 78

Göbələk və Parmigiano Salatı 81

Şüyüd və Parmigiano Salatı 83

Şüyüd və Zeytun Salatı 85

Acılı yerkökü salatı 87

Kartof və su teresi salatı 89

Artusinin Kartof Salatı 91

Yaşıl lobya, kartof və qırmızı soğan salatı 93

Yaşıl lobya, kərəviz və zeytun salatı 95

İsti Mərci Salatı 97

Yeddi Salatlı Fava Lobya Püresi 99

Yay Düyü Salatı 101

"Xırtıldayan" salat 104

Armud və Pecorino salatı 107

Portağal və şüyüd salatı 109

Çuğundur və portağal salatı 111

Bulyonda Çörək Əriştəsi 112

Tirol çörəyi köftesi 114

Yaşıl lobya və kolbasa şorbası 117

Eskarol və Kiçik Küftə Şorbası 119

"Evli" şorbası 121

Toskana balıq şorbası 124

Kəskin balıq şorbası 127

Dəniz məhsulları, makaron və lobya şorbası 129

Pomidor Bulyonunda Midiya və Clams 133

Marinara sousu 136

Təzə pomidor sousu 138

Pomidor sousu, Siciliya üslubu 140

Pomidor sousu, Toskana üslubu 142

Pizzaiola sousu 144

"Saxta" ət sousu 146

Çəhrayı sous 148

Soğan ilə pomidor sousu 150

Qovrulmuş Pomidor Sousu 152

Abruzzo-Stil Ragù 154

Neapolitan Ragù 156

Kolbasa Ragù 159

Marches-Style Ragù 161

Toskana ət sousu 164

Bolonya-Stil Ragù 167

Duck Ragù 170

Dovşan və ya Toyuq Ragù 173

Porcini və Ət Ragù 176

Təzə otlar ilə donuz əti Ragù 179

Truffled Meat Ragù 181

Kərə yağı və adaçayı sousu 184

Müqəddəs Yağ 186

Fontina pendir sousu 187

Beşamel sousu 188

Sarımsaq sousu 190

Yaşıl sous 192

Siciliya sarımsağı və kaper sousu 194

Cəfəri və yumurta sousu 196

Qırmızı bibər və pomidor sousu 198

Zeytun sousu 200

Günəşdə qurudulmuş pomidor sousu 201

Molise üslubunda bibər sousu 202

Zeytun yağı mayonez ... 204

Portağal mayonez sousu ... 206

Sarımsaq, yağ və acı bibər ilə linguine ... 208

Sarımsaq və zeytun ilə spagetti ... 210

Pesto ilə linqvine ... 212

Qoz ilə nazik spagetti ... 214

Günəşdə Qurudulmuş Pomidor ilə Linguine ... 216

Bibər, Pecorino və reyhan ilə spagetti ... 218

Zucchini, Fesleğen və Yumurta ilə Penne ... 221

Noxud və yumurta ilə makaron ... 224

Yaşıl lobya, pomidor və reyhan ilə Linguine ... 227

Kartof Kremi və Arugula ilə Kiçik Qulaqlar ... 229

Makaron və Kartof ... 231

Gül kələm və pendir ilə qabıqlar ... 233

Gül kələm, zəfəran və qarağat ilə makaron ... 235

Ənginar və noxud ilə papyon ... 238

Enginar və Porcini ilə Fettuccine ... 241

Badımcan Ragù ilə Rigatoni ... 244

Badımcanlı Siciliya Spagetti ... 247

Brokoli, Pomidor, Şam Fıstığı və Kişmiş ilə papyon ... 250

Sarımsaqlı Yaşıllar və Kartof ilə Cavatelli ... 252

Zucchini ilə Linguine ... 255

Qril Tərəvəzli Penne 257

Göbələk, Sarımsaq və Rozmari ilə Penne 260

Çuğundur və Sarımsaq ilə Linguine 262

Çuğundur və Yaşıllar ilə yay bağları 264

Salat ilə makaron 267

Qovrulmuş Pomidor ilə Fusilli 269

Kartof, Pomidor və Arugula ilə dirsəklər 271

Roman Country-Stil Linguine 273

Bahar Tərəvəzləri və Sarımsaqlı Penne 275

Kremli və Göbələkli "Sürüklənmiş" Makaron 277

Roma Pomidoru və Mozzarella Pastası 280

Tuna və Pomidor ilə Fusilli 282

Siciliya Pesto ilə Linguine 284

"Crazy" Pesto ilə spagetti 286

Bişməmiş Puttaneska sousu ilə papyon 288

Çiy tərəvəz ilə makaron 290

"Tələsin" Spagetti 292

"Qəzəbli" Penne 294

Rikota və pomidor sousu ilə Riqatoni 296

Albalı Pomidoru və Çörək qırıntıları ilə papyon 298

Doldurulmuş qabıqlar 300

Pecorino və Bibər ilə spagetti 302

Limon ilə linqvine 304

Ricotta və Otlar ilə Linguine 306

Sarımsaq Bruschetta

Bruschetta

8 edir

Romadan kənarda yerləşən Castelli Romani bölgəsində mənə qalın dilimlər qabıqlı çörək verdilər, qızarddılar və təzə sarımsaq mixəkləri ilə ovuşdurdular və zəngin yaşıl sızma zeytun yağı ilə damladılar. Gənc grana pendirinin kiçik parçaları onu müşayiət etdi və biz onu meyvəli yerli şərabla yuduq. Bu, çox sadə, eyni zamanda mükəmməl idi; heç vaxt unuda bilməyəcəyim bir yemək idi.

Umbria və Toskanada bu antipasto təzə sıxılmış zeytun yağından nümunə götürmək üçün yaranmışdır. Presləmə adətən payızda olduqca soyuq olduqda edilir. Zeytunçular təzə yığdıqları zeytunların sıxılmasını gözləyərkən, bir az çörək qızardır və birbaşa dəyirmandan yağ çiləyirdilər. Çörəyin istiliyi yağın mahiyyətini ortaya çıxarır. Sarımsaq isteğe bağlıdır, xüsusən də yağ həqiqətən gözəl olduqda.

8 (1/2 düym qalınlığında) dilim çeynəmiş italyan çörəyi

4 böyük sarımsaq, soyulmuş

Ekstra bakirə zeytun yağı

İncə dəniz duzu və ya kosher duzu (isteğe bağlı)

1. İstilik mənbəyindən təxminən 5 düym məsafədə bir barbekü qril və ya broyler rafı qoyun. Qril və ya broyleri əvvəlcədən qızdırın. Çörəyi bir tərəfdən qızıl qəhvəyi rəngə qədər qızardın, təxminən 2 dəqiqə. Çörəyi çevirin və digər tərəfə qızardın, təxminən 2 dəqiqə.

2. Dərhal çörəyi sarımsaq dişi ilə ovuşdurun. Yağla səxavətlə yağlayın. İstəyirsinizsə, duz səpin. Dərhal xidmət edin.

Pomidor Bruschetta

Bruschetta di Pomodori

8 edir

Üzərinə pomidor qoyulmuş qızardılmış kənd çörəyi o qədər məşhurlaşıb ki, az qala klişedir. Ancaq mövsümündə yaxşı, çeynənmiş çörək və yetişmiş pomidorla düzgün hazırlandıqda, həqiqətən də bundan yaxşısı yoxdur. Bunu yay pomidor mövsümü üçün saxlayın. Burada əsas düstur, üstəgəl bəzi varyasyonlar var.

2-3 orta yetişmiş pomidor

3 xörək qaşığı sızma zeytun yağı

3 təzə reyhan yarpağı və ya 1/2 çay qaşığı qurudulmuş oregano

Duz və təzə üyüdülmüş qara bibər

8 1/2 düymlük İtalyan çörəyi dilimləri

1 diş sarımsaq

1. Pomidorları gövdə ucu ilə yarıya bölün. Nüvələri kəsin. Toxumları və suyu sıxın. Pomidorları 1/2 düymlük parçalara doğrayın.

2. Orta qabda pomidorları yağ və dadmaq üçün duz və istiot ilə atın. Təzə reyhan istifadə edirsinizsə, yarpaqları yığın və nazik lentlərə çarpaz şəkildə kəsin. Pomidorlara reyhan və ya oregano əlavə edin və yaxşıca qarışdırın.

3. İstilik mənbəyindən təxminən 5 düym məsafədə bir barbekü qril və ya broyler rafı qoyun. Qril və ya broyleri əvvəlcədən qızdırın.

4. Çörəyi bir tərəfdən qızıl qəhvəyi rəngə qədər qızardın, təxminən 2 dəqiqə. Çörəyi çevirin və digər tərəfə qızardın, təxminən 2 dəqiqə. Sarımsaq dişi ilə bir tərəfə sürtün. Pomidorların üzərinə yığın və dərhal xidmət edin.

Pomidor və Avokado Bruschetta

Bruschetta di Pomodori və Avokado

8 edir

Avokado İtaliyada çox yaygın deyil. Amma pomidor və yaxşı zeytun yağı ilə çox yaxşı getdiyi üçün mən onları tez-tez bruschetta üçün doldurma kimi istifadə edirəm.

2 orta yetişmiş pomidor

3 xörək qaşığı sızma zeytun yağı

1 xörək qaşığı doğranmış qırmızı soğan

Duz və təzə üyüdülmüş qara bibər

½ orta yetişmiş Hass avokado, doğranmışdır

1-2 xörək qaşığı təzə limon suyu

4 ilə 8 (1/2 düym qalınlığında) İtalyan çörəyi dilimləri

1. Pomidoru gövdə ucu ilə yarıya bölün. Nüvəni kəsin. Toxumları və suyu sıxın. Pomidoru 1/2 düymlük parçalara doğrayın.

2. Orta qabda pomidorları yağ, soğan və dadmaq üçün duz və istiot ilə atın. Avokado və limon suyunu qarışdırın.

3. İstilik mənbəyindən təxminən 5 düym məsafədə bir barbekü qril və ya broyler rafı qoyun. Qril və ya broyleri əvvəlcədən qızdırın.

4. Çörəyi bir tərəfdən qızıl qəhvəyi rəngə qədər qızardın, təxminən 2 dəqiqə. Çörəyi çevirin və digər tərəfə qızardın, təxminən 2 dəqiqə. Üstünə pomidor qarışığı qoyun. Dərhal xidmət edin.

Lobya və göyərti tostları

Crostini di Fagioli və Verdura

8 edir

Kremli lobya tez-tez İtaliyanın cənubunda brokoli rabe, kasnı və ya eskarol kimi bişmiş göyərti ilə verilir. Çox vaxt lobya və göyərti çörək üzərində verilir. Bıçaq və çəngəl ilə yeyilməli olan bu crostini üçün birləşməni uyğunlaşdırdım.

5 xörək qaşığı zeytun yağı

2 böyük sarımsaq, soyulmuş və incə doğranmışdır

1 kiçik qurudulmuş çili (peperoncinoya üstünlük verilir), əzilmiş və ya bir çimdik doğranmış qırmızı bibər lopaları

1 funt brokoli rabe, kasnı və ya eskarol, yuyulur, kəsilir və dişləmə ölçüsündə parçalara kəsilir

¼ stəkan su

Dadmaq üçün duz

2 stəkan bişmiş qurudulmuş və ya konservləşdirilmiş zoğal və ya cannellini lobya, süzülmüş

8 (1/2 düym qalınlığında) dilim italyan çörəyi, qızardılmış

1. Böyük bir qazana 3 xörək qaşığı yağ, sarımsağın yarısı və qırmızı bibərin hamısını qoyun. Orta istilikdə, təxminən 1 dəqiqə qızarana qədər bişirin.

2. Yaşılları, 1/4 stəkan su və dadmaq üçün duz əlavə edin. Üzərini örtün və istiliyi azaldın. Yaşıllar yumşaq olana qədər bişirin, brokoli rabe və ya dandelion göyərti üçün təxminən 10 dəqiqə və ispanaq üçün 5 dəqiqə.

3. Bu vaxt, orta bir qazanda, qalan 2 yemək qaşığı yağı və sarımsağı 1 dəqiqə qızdırın. Fasulye ilə qarışdırın, örtün və təxminən 4 dəqiqə qızdırılana qədər aşağı istilikdə bişirin. Lobyaları kobud şəkildə əzin. Dadmaq üçün mövsüm.

4. İstilik mənbəyindən təxminən 5 düym məsafədə bir barbekü qril və ya broyler rafı qoyun. Qril və ya broyleri əvvəlcədən qızdırın.

5. Çörəyi bir tərəfdən qızıl qəhvəyi rəngə qədər qızardın, təxminən 2 dəqiqə. Çörəyi çevirin və digər tərəfə qızardın, təxminən 2 dəqiqə. Tostları lobya ilə yayın. Üstünə göyərti və onların bişirmə mayesindən bir qaşıq əlavə edin. Dərhal xidmət edin.

Toyuq qaraciyəri tostları

Crostini di Fegato di Pollo

8 edir

Toskana aşpazları donuz və ya çöl donuzu ilə hazırlanmış yerli salumi dilimləri ilə müşayiət olunan bu crostini xidmət edir. Mənim sevimlilərimdən biri finokkiona, üyüdülmüş donuz əti və şüyüd toxumu ilə hazırlanmış salamdır.

8 toyuq qaraciyəri

3 xörək qaşığı zeytun yağı

1 orta qırmızı soğan, dilimlənmiş və üzüklərə bölünmüşdür

2 adaçayı yarpağı, doğranmışdır

1 çay qaşığı balzam sirkəsi

Duz və təzə üyüdülmüş qara bibər

8 (1/2 düym qalınlığında) dilim italyan çörəyi, qızardılmış

1. Toyuq qaraciyərini kəsin, birləşdirən lifləri iti bıçaqla kəsin. Hər qaraciyəri 2 və ya 3 hissəyə kəsin. Qaraciyərləri yuyun və qurudun.

2. Orta tavaya yağı tökün. Soğan və adaçayı yarpaqlarını əlavə edin və yumşalana qədər orta istilikdə təxminən 5 dəqiqə bişirin.

3. Toyuq qaraciyərini əlavə edin və ciyərləri bir qaşıq arxası ilə əzərək, bir az çəhrayı rəng alana qədər təxminən 2 dəqiqə bişirin. Dadmaq üçün sirkə və duz və istiot əlavə edin.

4. İstilik mənbəyindən təxminən 5 düym məsafədə bir barbekü qril və ya broyler rafı qoyun. Qril və ya broyleri əvvəlcədən qızdırın. Çörəyi bir tərəfdən qızıl qəhvəyi rəngə qədər qızardın, təxminən 2 dəqiqə. Çörəyi çevirin və digər tərəfə qızardın, təxminən 2 dəqiqə.

5. Çörəyi qaraciyər qarışığı ilə doldurun. Dərhal xidmət edin.

Zucchini və Pendirli Tostlar

Zucchine Crostini

8 edir

Crostini və bruschetta Roma şərab barlarının sevimli qəlyanaltılarıdır. Bir gün nahar üçün mən isti crostini çeşidi yedim, o cümlədən zucchini və əridilmiş Fontina Valle d'Aosta, dadlı inək südü pendiri. Fontina Valle d'Aosta mövcud deyilsə, İsveçrə, Asiago və ya başqa bir yarı bərk pendir ilə əvəz edin.

4 kiçik zucchini (təxminən 1 funt), təmizlənmişdir

4 xörək qaşığı zeytun yağı

1 diş sarımsaq, doğranmış

1 xörək qaşığı doğranmış təzə düz yarpaq cəfəri

1 xörək qaşığı doğranmış təzə reyhan

½ çay qaşığı qurudulmuş oregano

Duz və təzə üyüdülmüş qara bibər, dadmaq üçün

8 (1/2 düym qalınlığında) İtalyan çörəyi dilimləri

2 unsiya Fontina Valle d'Aosta və ya İsveçrə pendiri, nazik dilimlərə kəsilmiş

1. Balqabağın uclarını kəsin və uzunluğu 2 düym olan 1/4 düymlük çubuqlara kəsin. Çubuqları kağız dəsmallarla qurutun.

2. Orta istilikdə böyük bir tavada yağı qızdırın. Balqabaq əlavə edin və hərdən qarışdıraraq, təxminən 10 dəqiqə qızardıncaya qədər bişirin.

3. Sarımsağı, bütün otları, duz və istiotu qarışdırın. 2 dəqiqə daha bişirin.

4. İstilik mənbəyindən təxminən 5 düym məsafədə bir barbekü qril və ya broyler rafı qoyun. Qril və ya broyleri əvvəlcədən qızdırın. Çörəyi bir tərəfdən qızıl qəhvəyi rəngə qədər qızardın, təxminən 2 dəqiqə. Çörəyi çevirin və digər tərəfə qızardın, təxminən 2 dəqiqə. Tostları çıxarın, lakin sobanı açıq buraxın.

5. Tostları bir çörək qabına qoyun. Tostun üzərinə balqabaq yığın və pendirlə üstünə qoyun. Crostini broyler altında 2 dəqiqə və ya pendir əriyənə qədər işlədin. Dərhal xidmət edin.

Noxudlu Tostlar

Crostini di Ceci

8 edir

Noxud, bəzən qarbanzo lobya adlanır, qurudulmuş halda bişirmək üçün çox vaxt tələb olunur, ona görə də onları adətən bankalarda alıram. Onlar makaronla, şorbalarda və ya crostini üçün qaba püresi ilə yaxşıdır. Bu resept Nyu Yorkdakı Babbo restoranında daddığım crostini versiyasıdır.

½ stəkan doğranmış soğan və ya soğan

½ çay qaşığı doğranmış təzə rozmarin yarpaqları

2 xörək qaşığı sızma zeytun yağı, üstəlik çiskinlik üçün daha çox

1 (16 unsiya) noxud süzülür

2 xörək qaşığı su

1 xörək qaşığı balzam sirkəsi

Dadmaq üçün duz və təzə üyüdülmüş qara bibər

8 dilim İtalyan çörəyi, təxminən 1/2 düym qalınlığında

1. Kiçik bir tencerede, orta-aşağı odda soğanı, rozmarin və 2 xörək qaşığı yağı birləşdirin. 2-3 dəqiqə və ya soğanlar yumşaq olana qədər bişirin.

2. Dadmaq üçün noxud, su və duz və istiot əlavə edin. 3-4 dəqiqə daha çox və ya qızdırılana qədər bişirin, tez-tez qarışdırın və noxudu bir qaşıq arxası ilə kobud şəkildə əzin. Qarışıq quru görünürsə, bir az daha su əlavə edin. Sirkə ilə qarışdırın və ədviyyat üçün dadın.

3. İstilik mənbəyindən təxminən 5 düym məsafədə bir barbekü qril və ya broyler rafı qoyun. Qril və ya broyleri əvvəlcədən qızdırın. Çörəyi bir tərəfdən qızıl qəhvəyi rəngə qədər qızardın, təxminən 2 dəqiqə. Çörəyi çevirin və digər tərəfə qızardın, təxminən 2 dəqiqə.

4. Noxud qarışığı ilə yayın. Əlavə yağ ilə çiləyiniz və dərhal xidmət edin.

Brokoli tostları

Crema di Broccoli ilə Crostini

8 edir

Brokkoli romanesko kimi tanınan Roma brokoli, ekzotik dəniz qabığına bənzəyən gözəl formalı solğun yaşıldır. Mən onu payızda yerli fermer bazarımda və bəzən ləzzətli ərzaq mağazalarında tapa bilərəm. Dadı tünd yaşıl brokkolidən daha zərifdir, daha çox brokkoli və gül kələm arasında xaç kimidir. Adi brokoli bu resept üçün yaxşı işləyir. Bişmiş tərəvəz sarımsaq və zeytun yağı ilə püre halına salınır və crostini üçün ləzzətli yayılır.

1 funt brokoli

Duz

¼ stəkan bakirə zeytun yağı

1 bütöv sarımsaq

Təzə üyüdülmüş qara bibər

8 (1/2 düym qalınlığında) İtalyan çörəyi dilimləri

1. Brokolini kəsin, bəzi saplarını ayırın. Böyük bir tencere suyu qaynatın. Dadmaq üçün brokoli və duz əlavə edin. Brokoli

yumşaq olana qədər bişirin, təxminən 10 dəqiqə. Suyun bir hissəsini ehtiyatda saxlayaraq yaxşıca süzün.

2.Brokolini qida prosessoruna köçürün. Sarımsağı əlavə edin və incə doğranana qədər işləyin. Motor işləyərkən, yağı borudan əlavə edin və hamar və yayılana qədər emal edin. Qarışıq çox qalındırsa, bir və ya iki çay qaşığı brokoli suyunu əlavə edin. Dadmaq üçün duz və istiot əlavə edin.

3.İstilik mənbəyindən təxminən 5 düym məsafədə bir barbekü qril və ya broyler rafı qoyun. Qril və ya broyleri əvvəlcədən qızdırın. Çörəyi bir tərəfdən qızıl qəhvəyi rəngə qədər qızardın, təxminən 2 dəqiqə. Çörəyi çevirin və digər tərəfə qızardın, təxminən 2 dəqiqə. İsti brokoli püresi ilə yayın. Dərhal xidmət edin.

Badımcan və pomidor tostları

Crostini alla Melanzane

8 edir

Badımcan, pomidor, sarımsaq və pendir İtaliyanın cənubunda klassik ləzzət birləşməsidir - badımcan parmezanı və ya Siciliya makaron alla Normanı düşünün. Burada eyni ləzzətlər crostini üçün zirvə kimi birləşir.

1 orta badımcan, təxminən 12 unsiya

Dadmaq üçün duz və təzə üyüdülmüş qara bibər

2 və ya 3 böyük sarımsaq mixək

1 böyük yetişmiş pomidor, nüvəsi soyulmuş və doğranmışdır

¼ fincan doğranmış təzə reyhan

2 xörək qaşığı sızma zeytun yağı

8 (1/2 düym qalınlığında) İtalyan çörəyi dilimləri

½ fincan (təxminən 3 unsiya) ricotta salata pendiri, xırdalanmış

1. Fırının ortasına bir rəf qoyun. Fırını 375° F-ə qədər qızdırın. Badımcanı çörək qabına qoyun və buxar çıxması üçün qabığını çəngəllə iki və ya üç dəfə deşin. 60 dəqiqə və ya yumşaq qədər bişirin. Bir az sərinləyin.

2. Badımcanı sobadan çıxarın. Bir az sərinləyin, sonra badımcanın gövdəsini çıxarın və badımcanı uzununa yarıya bölün. Boşalması və tamamilə soyuması üçün bir süzgəcə qoyun.

3. Badımcan ətini çıxarın və qabığını atın. Çəngəl və ya püresi ilə pasta halına gətirin və ya yemək prosessorunda püre halına salın. Dadmaq üçün duz və istiot əlavə edin.

4. Pomidoru reyhan və yağla birləşdirin, bir az duz və istiot əlavə edin.

5. İstilik mənbəyindən təxminən 5 düym məsafədə bir barbekü qril və ya broyler rafı qoyun. Qril və ya broyleri əvvəlcədən qızdırın. Çörəyi bir tərəfdən qızıl qəhvəyi rəngə qədər qızardın, təxminən 2 dəqiqə. Çörəyi çevirin və digər tərəfə qızardın, təxminən 2 dəqiqə. Dilimləri sarımsaq ilə ovuşdurun. Tostları badımcan püresi ilə yayın. Üstünə doğranmış pomidor qarışığı və ricotta salata əlavə edin. Dərhal xidmət edin.

Qızardılmış antipasti

"Kiçik Portağal" Düyü Topları

Arancine

18 edir

Qızılı qızardılmış düyü topları klassik Siciliya qəlyanaltısıdır. İtalyan adı - arancine - onların portağallara bənzərliyindən gəlir. İki versiya məşhurdur: biri sonra gələn ətli ragu, digəri isə vetçina və beşamel ilə.

Doldurma

2 xörək qaşığı zeytun yağı

½ fincan çox incə doğranmış soğan

1 diş sarımsaq, incə doğranmışdır

8 unsiya qiymə mal əti

1½ fincan doğranmış konservləşdirilmiş İtalyan soyulmuş pomidor

Duz və təzə üyüdülmüş qara bibər

½ fincan təzə və ya dondurulmuş noxud

düyü

5 stəkan toyuq suyu

½ çay qaşığı zəfəran sapları, xırdalanmış

Arborio, Carnaroli və ya Vialone Nano kimi 2 stəkan (1 funt) orta taxıllı düyü

2 xörək qaşığı duzsuz kərə yağı

Dadmaq üçün duz

4 böyük yumurta sarısı

½ fincan qızardılmış Parmigiano-Reggiano plus 1/2 fincan qızardılmış Pecorino Romano

Yığmaq

5 böyük yumurta ağı

2 stəkan adi quru çörək qırıntıları

1 stəkan çox məqsədli un

4 unsiya idxal provolon, kiçik zarlara kəsilmişdir

Qızartmaq üçün bitki yağı

1. İçliyi hazırlamaq üçün yağ, soğan və sarımsağı orta tavaya qoyun. Yanğını orta dərəcədə yandırın və soğan yumşaq olana qədər təxminən 5 dəqiqə bişirin.

2. Mal əti tavaya əlavə edin və xəmirləri parçalamaq üçün qarışdıraraq, yüngül qızarana qədər təxminən 10 dəqiqə bişirin. Pomidorları qarışdırın, dadmaq üçün duz və istiot əlavə edin. Sousu bir qaynadək gətirin və istiliyi minimuma endirin. Hərdən qarışdıraraq qalınlaşana qədər təxminən 30 dəqiqə bişirin.

3. Noxud əlavə edin və 5 dəqiqə daha bişirin. Sərin buraxın.

4. Bulyon və zəfəranı böyük bir qazanda qaynadək gətirin. Düyü, kərə yağı və duzu qarışdırın. Üzərini örtün və istiliyi minimuma endirin. Təxminən 18 dəqiqə və ya düyü yumşaq olana qədər bişirin.

5. Düyü oddan çıxarın. Bir az sərinləyin, sonra yumurta sarısı və sürtgəcdən keçirilmiş pendiri qarışdırın.

6. Yığmaq üçün yumurta ağını dayaz boşqabda köpüklənənə qədər çalın. Bir vərəq mum kağızına çörək qırıntılarını, digərinə isə unu yayın. Çörək qabının üzərinə tort rəfini qoyun.

7. Düyünün yapışmaması üçün əllərinizi sərin suya batırın. Düyü qarışığının təxminən 1/3 fincanını götürün və bir əlinizin ovucuna qoyun. Düyünün ortasında dayaz bir deşik açın. Kiçik bir qaşıq ət sousunu çuxura basdırın və üstünə bir parça provolon qoyun. Əlinizi bir az süzün, düyünü tam əhatə etmək üçün doldurmanın üzərinə tökün. İçliyi tamamilə örtmək üçün

lazım olduqda bir az daha düyü əlavə edin. Düyü sıxmaq və bir top yaratmaq üçün çox yumşaq bir şəkildə sıxın.

8. Diqqətlə düyü topunu una, sonra isə yumurta ağına tökün ki, tamamilə örtün. Topu çörək qırıntılarına yuvarlayın, heç bir ləkəni açıq qoymamağınızdan əmin olun. Düyü topunu qurutmaq üçün rəf üzərinə qoyun.

9. Qalan maddələrlə düyü topları hazırlamağa davam edin. Düyü toplarını rəfdə 30 dəqiqə qurudun.

10. Bir qabı kağız dəsmal ilə düzün; sobanı ən aşağı temperatura qoyun. Elektrikli fritözə və ya dərin bir ağır qazana təxminən 3 düym yağ tökün. Dərin qızartma termometrində temperatur 375°F-ə çatana qədər və ya yağa əlavə olunduqda bir damla yumurta ağı cızıldayanda yağı qızdırın.

11. Diqqətlə düyü toplarını bir neçə dəfə isti yağa qoyun. Tavanı sıxmayın. Qızıl qəhvəyi rəngə qədər bişirin və hər tərəfə xırtıldayan, 3-4 dəqiqə. Yivli qaşıq və ya süzgəclə düyü toplarını süzmək üçün kağız dəsmallara köçürün. Qalan düyü topları ilə təkrarlayın. Bişmiş düyü toplarını isti sobada saxlayın, qalanını isə qızardın. İsti və ya isti xidmət edin.

"Telefon-tel" düyü topları

Suppli' di Riso

24 edir

Romalılar pendirlə doldurulmuş düyü topları hazırlayırlar. Düyü topunu ayırdığınız zaman mərkəzdəki əridilmiş pendir telefon naqilləri kimi iplərə uzanır və bu da düyü toplarına öz adını verir. Suppli' bütün Roma üzərində xidmət göstərir; İtalyanlar dərsdən sonra dayanmağı və ya nahardan əvvəl qəlyanaltı yemək üçün işləməyi sevirlər.

5 stəkan toyuq suyu

Arborio, Carnaroli və ya Vialone Nano kimi 2 stəkan orta taxıllı düyü

4 xörək qaşığı duzsuz kərə yağı

Dadmaq üçün duz

3 böyük yumurta, döyülmüş

1 stəkan təzə qızardılmış Parmigiano-Reggiano

2 xörək qaşığı doğranmış təzə düz yarpaqlı cəfəri

Bir çimdik təzə rəndələnmiş muskat qozu

6 unsiya mozzarella, kiçik zarlara kəsilmiş

Yığmaq

3 böyük yumurta, döyülmüş

2 stəkan adi qurudulmuş çörək qırıntıları

1 stəkan çox məqsədli un

Qızartmaq üçün bitki yağı

1. Bulyonu böyük bir qazanda qaynadək gətirin. Düyü, kərə yağı və duzu qarışdırın. Üzərini örtün və istiliyi minimuma endirin. Düyü yumşaq olana qədər bişirin, təxminən 18 dəqiqə.

2. Düyü oddan çıxarın. Bir az sərinləyin, sonra üç döyülmüş yumurta, rəndələnmiş pendir, cəfəri və muskat qozunu əlavə edin.

3. Yığmaq üçün digər üç yumurtanı dayaz boşqabda köpüklənənə qədər çalın. Bir vərəq mum kağızına çörək qırıntılarını, digərinə isə unu yayın. Çörək qabının üzərinə tort rəfini qoyun.

4. Düyünün yapışmaması üçün əllərinizi sərin suya batırın. Düyü qarışığının təxminən 1/4 fincanını götürün və bir əlinizin ovucuna qoyun. Düyünün ortasında dayaz bir deşik açın.

Çuxurda mozzarelladan bir az sıxın. Əlinizi bir az süzün, düyünü tam əhatə etmək üçün doldurmanın üzərinə tökün. İçliyi tamamilə örtmək üçün lazım olduqda bir az daha düyü əlavə edin. Düyü sıxmaq və bir top yaratmaq üçün çox yumşaq bir şəkildə sıxın.

5. Düyü topunu diqqətlə una, sonra yumurtaya yuvarlayın ki, tamamilə örtün. Topu çörək qırıntılarına yuvarlayın, heç bir ləkəni açıq qoymamağınızdan əmin olun. Düyü topunu qurutmaq üçün rəf üzərinə qoyun.

6. Qalan maddələrlə düyü topları hazırlamağa davam edin. Düyü toplarını rəfdə 30 dəqiqə qurudun.

7. Bir qabı kağız dəsmal ilə düzün; sobanı ən aşağı temperatura qoyun. Elektrikli fritözə və ya dərin bir ağır qazana təxminən 3 düym yağ tökün. Dərin qızartma termometrində temperatur 375°F-ə çatana qədər və ya yağa əlavə olunduqda bir damla yumurta ağı cızıldayanda yağı qızdırın.

8. Diqqətlə düyü toplarını bir neçə dəfə isti yağa qoyun. Tavanı sıxmayın. Qızıl qəhvəyi rəngə qədər bişirin və hər tərəfə xırtıldayan, 3-4 dəqiqə. Yivli qaşıq və ya süzgəclə düyü toplarını süzmək üçün kağız dəsmallara köçürün. Qalan düyü topları ilə

təkrarlayın. Bişmiş düyü toplarını isti sobada saxlayın, qalanını isə qızardın. İsti və ya isti xidmət edin.

icilian Noxud Unlu Börek

Panellə

4-6 porsiya təşkil edir

Noxud unu (bax alış-veriş mənbələri) bir çox İtaliya və Yaxın Şərq bazarlarında və təbii qida mağazalarında mövcuddur. Bəzi mağazalar qovrulmuş və qovrulmamış noxud unu seçimi təklif edir. Sonuncu italyan növünə daha yaxındır.

Palermoda bu panellər qəlyanaltı kimi verilir və tez-tez bəzi kaponatalar müşayiət olunur (bax. Şirin və turş badımcan) və ya küncüt toxumu rulonuna yığılır, üzərinə ricotta və sürtgəcdən keçirilmiş pekorino qoyulur və sendviç kimi yeyilir.

13/4 stəkan soyuq su

1 stəkan noxud unu

1 çay qaşığı duz

Təzə üyüdülmüş qara bibər

Qızartmaq üçün bitki və ya fıstıq yağı

1. Suyu orta bir qazana tökün. Noxud ununu yavaş-yavaş suya çırpın. Duzla qarışdırın.

2. Tencereyi orta istilik üzərinə qoyun və qarışıq qaynana qədər daim qarışdıraraq bişirin. İstiliyi minimuma endirin və daim qarışdıraraq çox qalınlaşana qədər təxminən 5 dəqiqə bişirin.

3. Qarışığı bir çörək qabına tökün. Bir spatula ilə təxminən 1/4 düym qalınlığa bərabər şəkildə yayın. Bir saat və ya möhkəm olana qədər sərinləyin. Daha uzun saxlama üçün, plastik sarğı ilə örtün və soyudun.

4. Xidmət vermədən əvvəl, dərin bir qazanda təxminən 1 düym yağı qızdırın. Bir qabı kağız dəsmal ilə düzün. Xəmiri 2 düymlük kvadratlara kəsin. Yağın kifayət qədər isti olub olmadığını yoxlamaq üçün xəmirdən kiçik bir parçanı yağa atın. Yağ sürətlə qızdırılmalıdır. Sıxlıq etmədən sığacaq qədər xəmir əlavə edin. Parçaları bir dəfə çevirərək, şişmiş və qızılı qəhvəyi olana qədər təxminən 4 dəqiqə qızardın. Çörəkləri süzmək üçün yivli qaşıqla kağız dəsmallara köçürün. Qalanını qızardarkən isti saxlayın.

5. Duz və istiot səpin və isti xidmət edin.

Fesleğen köftesi

Foglie di Basilico Fritte

6 porsiya hazırlayır

Xırtıldayan reyhan yarpaqları qarşısıalınmaz qəlyanaltılardır. Adaçayı və cəfərini də sınayın.

½ stəkan çox məqsədli un

¼ stəkan qarğıdalı nişastası

1 çay qaşığı duz

Təxminən 1/2 fincan klub soda və ya qazlı mineral su

Bitki yağı

24 böyük reyhan yarpağı

1. Kiçik bir qabda unu, qarğıdalı nişastasını və duzu qarışdırın. Qalın, hamar bir xəmir etmək üçün kifayət qədər klub sodasını qarışdırın. 1 saat dayanaq.

2. Kiçik bir ağır qazanda yağı 1/2 düym dərinliyə tökün. Xəmirin kiçik bir damlası cızıldayana və isti yağa əlavə edildikdə tava ətrafında üzənə qədər orta istilikdə qızdırın.

3. Bir qabı kağız dəsmal ilə düzün. Fesləğen yarpaqlarını nəm kağız dəsmal ilə silin. Yarpaqları xəmirə batırın. Yarpaqları bir neçə dəfə çıxarın və onları isti yağa tökün. 2 dəqiqə və ya hər iki tərəfdə qızılı olana qədər qızardın. Boşaltmaq üçün kağız dəsmallara köçürün.

4. Qalan yarpaqları eyni şəkildə qızardın. İsti xidmət edin.

Qızardılmış adaçayı yarpaqları

Salvia Fritta

4-6 porsiya təşkil edir

Marches bölgəsinin restorançılar assosiasiyasının təşkil etdiyi böyük ziyafətdə bu xırtıldayan qızardılmış adaçayı yarpaqları quru köpüklü şərab olan prosecco ilə müşayiət olunurdu. Yarpaqları kartof cipsləri kimi asılılıq yaradır.

1/3 fincan incə quru çörək qırıntıları

24 böyük təzə adaçayı yarpağı

2 xörək qaşığı çox məqsədli un

Duz

1 böyük yumurta sarısı, döyülmüş

2 xörək qaşığı zeytun yağı

1 xörək qaşığı duzsuz kərə yağı

Limon dilimləri

1. Çörək qırıntılarını bir mum kağızı üzərinə yayın. Kiçik bir qabda adaçayı yarpaqlarını un və 1 çay qaşığı duz ilə səpin.

2. Adaçayı yarpaqlarını bir-bir yumurta sarısına batırın, sonra çörək qırıntılarına yuvarlayın. Yarpaqları 30 dəqiqə qurutmaq üçün tort rafına qoyun.

3. Bir qabı kağız dəsmal ilə düzün. Xidmət verməzdən əvvəl kiçik bir tavada yağ və kərə yağı qızdırın. Kərə yağı köpüyü azaldıqda, tavada adaçayı yarpaqlarını bir təbəqəyə düzün. Qızardın, yarpaqları bir dəfə çevirin, hər iki tərəfdə qızardılmış və xırtıldayan, təxminən 4 dəqiqə. Qurutmaq üçün kağız dəsmallara köçürün. Duz səpin və limon dilimləri ilə isti xidmət edin.

YAŞIL SALATLAR

Qarışıq Yaşıl Salat

Insalata Mista

4 porsiya hazırlayır

Otuz ildən çox əvvəl İtaliyaya ilk dəfə getdiyim zaman xatırlayıram ki, nə vaxt kimsə restoranda salat sifariş etsə, ofisiant sarğı hazırlayır və salatı yeməkxananın tələblərinə uyğun atırdı. Əvvəlcə göyərtilərin üzərinə bir az yağ tökür və yüngülcə üzlənənə qədər tullayırdı. Sonra böyük bir yemək qaşığına bir az şərab sirkəsi tökər, duz əlavə edər və salatın üzərinə sürməzdən əvvəl duzu həll etmək üçün çəngəllə qarışığı qaşıqda qısaca döyərdi. Sonra göyərti bərabər şəkildə örtülənə qədər hər şeyi atardı.

Əsas İtalyan salatı sarğı sadəcə sızma zeytun yağı, qırmızı və ya ağ şərab sirkəsi və duzdur. Balıq yeməyidirsə, sirkə bəzən təzə limon suyu ilə əvəz olunur. Sarğıda otlar və ədviyyatlar, hətta bibər yoxdur. Bu qədər populyarlaşan balzam sirkəsi yaxın vaxtlara qədər Emilia-Romagnadan kənarda az tanınırdı.

İndiki vaxtda əksər restoranlarda yağ və sirkə kruetlərdə stolun üstünə qoyulur ki, öz sosunuzu qarışdırasınız.

1 baş romaine, Boston, aysberq və ya digər kahı və ya birləşməsi

Təxminən 3 xörək qaşığı sızma zeytun yağı

1 xörək qaşığı şərab sirkəsi

Dadmaq üçün duz

1. Xarici yarpaqları və göyərmiş hər şeyi atın, kahı kəsin. Onları bir neçə dəfə sərin su ilə yuyun. Çox yaxşı qurudun. Kahı dişləyəcək parçalara kəsin. Təxminən 6 stəkan olmalıdır.

2. Kahı böyük bir salat qabına qoyun. Üzərinə yağ səpin və yaxşıca qarışdırın. Kiçik bir qabda sirkə və duzu duz həll olunana qədər qarışdırın. Salatın üzərinə sirkə tökün və yenidən atın. Bir parça kahı dadın və lazım olduqda daha çox yağ, sirkə və ya duz əlavə edin. Dərhal xidmət edin.

Variasiya: Əlavə rəng və maddə üçün 1 stəkan doğranmış yerkökü və ya cırılmış radikkio və dilimlərə kəsilmiş 1 və ya 2 pomidor əlavə edin.

Üçrəngli Salat

Insalata Tricolore

4 porsiya hazırlayır

İtalyan bayrağında qırmızı, ağ və yaşıl üç qalın zolaq var, buna görə də ona tanış olaraq üçrəngli bayraq deyilir. Bu eyni rənglər İtalyan mətbəxində tez-tez görünür. Rəngləri olan bir sıra yeməklər bayraq və vətənpərvərlik qüruru ilə əlaqələndirilir, məsələn, reyhan, pomidor və mozzarella ilə hazırlanan pizza Margherita və ya kraliçanın şərəfinə icad edildiyi deyilir və ya pomidor, kartof ilə Pugliese pastası. , və bayraq mənasını verən la bandiera kimi tanınan arugula. Qırmızı radicchio, ağ hindiba və yaşıl rukula ilə bu gözəl salat tez-tez insalata tricolore adlanır.

2 Belçika endivesi, yarpaqlara ayrılır

1 kiçik baş radikkio

1 kiçik dəstə arugula

3 xörək qaşığı sızma zeytun yağı

1-2 xörək qaşığı qırmızı şərab sirkəsi

Duz

1. Tərəvəzləri kəsin, xarici yarpaqları və çürükləri atın. Onları bir neçə dəfə sərin su ilə yuyun. Çox yaxşı qurudun. Endiveni çarpaz şəkildə 3 və ya 4 hissəyə kəsin. Radikkionu dişləyəcək parçalara doğrayın. Arugula'nın sərt gövdələrini kəsin və yarpaqlarını dişləmə ölçüsündə parçalara ayırın. Tərəvəzləri böyük bir salat qabına qoyun.

2. Tərəvəzləri yağla səpin və yaxşıca qarışdırın. Kiçik bir qabda sirkə və duzu duz həll olunana qədər qarışdırın. Salatın üzərinə sirkə tökün və yenidən atın. Salatanı dadın və lazım olduqda daha çox yağ, sirkə və ya duz əlavə edin. Dərhal xidmət edin.

Limon və Şam Fındığı ilə Yaşıl Salat

Insalata Verde al Pinoli

4 porsiya hazırlayır

Bu salat Florensiyada hazırladığım müasir reseptdir. Mən tez-tez mesclun kimi satılan kiçik qarışıq göyərtilərdən istifadə edirəm, amma körpə ispanaq da yaxşı olardı. Bir az limon qabığı ona əlavə ləzzət verir və şam qozları xırtıldayan əlavə edir. Onları quru tavada qızartmaq asandır.

¼ stəkan şam qozası

6 stəkan qarışıq körpə göyərti

¼ stəkan bakirə zeytun yağı

2 xörək qaşığı təzə limon suyu

Bir çimdik rəndələnmiş limon qabığı

Duz və təzə üyüdülmüş qara bibər

1. Şam qoz-fındıqlarını kiçik bir tavaya qoyun. İstiliyi orta səviyyəyə çevirin və qoz-fındıqları bişirin, ara-sıra tavanı silkələyin, onlar ətirli və yüngülcə qızardılana qədər təxminən 5 dəqiqə. Sərin buraxın.

2. Yaşılları soyuq suyun bir neçə dəyişməsində yuyun. Çox yaxşı qurudun. Yaşılları dişləyəcək parçalara doğrayın.

3. Böyük bir salat qabında yağı, limon suyunu, qabığını, dadmaq üçün duz və istiotu qarışdırın. Yaşılları əlavə edin və yaxşıca qarışdırın. Şam fındıqlarını əlavə edin və yenidən atın. Dərhal xidmət edin.

İspanaq və yumurta salatı

Insalata di Spinaci

4 porsiya hazırlayır

Körpə ispanaqının yarpaqları salatlar üçün mükəmməldir. Onlar zərif və yumşaq dadlıdırlar və kəsilməyə ehtiyac duymadıqları və adətən qumsuz olduqları üçün onları hazırlamaq çox asandır.

4 böyük yumurta

6 unsiya körpə ispanaq yarpağı 3 xörək qaşığı sızma zeytun yağı

1 xörək qaşığı balzam sirkəsi

Duz və təzə üyüdülmüş qara bibər

1 xörək qaşığı doğranmış kapari

1. Yumurtaları örtmək üçün soyuq su ilə kiçik bir qazana qoyun. Suyu bir qaynadək gətirin. 12 dəqiqə bişirin. Yumurtaları soyuq axan suyun altında sərinləyin. Sökün və soyun.

2. İspanağı kəsin, çürük yarpaqları və sərt gövdələri atın. Onları bir neçə dəfə sərin su ilə yuyun. Çox yaxşı qurudun. Dişləmə ölçüsündə parçalara kəsin.

3. Bişmiş yumurta ağını və sarısını ayırın. Sarıları bir qaba qoyun və əzin. Dadmaq üçün yağ, sirkə və duz və istiot əlavə edin. Yumurtanın ağını doğrayın və kənara qoyun.

4. Böyük bir qabda ispanaq yarpaqlarını və kapariləri birləşdirin. Yumurta sarısı qarışığını əlavə edib yaxşıca çalın. Yumurta ağlarının yarısını əlavə edib yenidən çalın.

5. Salatanı 4 boşqabın üzərinə tökün və qalan yumurta ağına səpin. Dərhal xidmət edin

Arugula və Parmigiano salatı

Insalata di Rughetta və Parmigiano

4 porsiya hazırlayır

İtaliyada bu salatı hazırlamaq üçün istifadə edilən arugula çeşidi xırtıldayan, bibərli və qozlu, kiçik sivri yarpaqlıdır. Arugula bir az fərqli çeşiddir, yuvarlaq yarpaqları o qədər də xırtıldayan və ya qozlu dadı ilə fərqlənmir, ona görə də mən İtaliyada rukkola toxumlarını alıb böyük pəncərə qutusunda yetişdirirəm. Bahardan payıza qədər evdə yetişdirdiyim italyan rugettamdan həzz alıram, baxmayaraq ki, ilin qalan hissəsində bu salatı hələ də yerli rukula ilə süfrəyə verirəm.

Dəyişiklik üçün bu salatı qızardılmış qozla üstünə qoyun.

3 xörək qaşığı sızma zeytun yağı

2 çay qaşığı balzam sirkəsi

Duz və təzə üyüdülmüş qara bibər

2 dəstə arugula

2 unsiya dilim Parmigiano-Reggiano pendiri

1. Arugula'nın sərt gövdələrini kəsin və saralmış və ya çürümüş yarpaqları atın. Arugula bir neçə dəfə sərin su ilə yuyulur. Çox yaxşı qurudun. Arugulanı dişləyəcək parçalara ayırın.

2. Böyük bir qabda arugula yağı ilə çiləyiniz və yaxşıca atın. Kiçik bir qabda sirkə və duz və istiotu duz həll olunana qədər qarışdırın. Salatın üzərinə sirkə tökün və yenidən atın. Ədviyyat üçün dadın. Salatanı xidmət boşqablarına yığın.

3. Tərəvəz qabığı ilə, salatın üzərinə pendiri qırxın. Dərhal xidmət edin.

Roma Bahar Salatı

Insalata di Puntarella

4 porsiya hazırlayır

Yazda Roma tərəvəzçiləri puntarella kimi tanınan solğun yaşılımtıl ağ tərəvəz satırlar. Endive ailəsinin üzvü, ingiliscə Katalan kasnı kimi tanınır. Birləşmiş Ştatlarda geniş yayılmadığı üçün mən friz və ya Belçika hindibasını əvəz edirəm. Onlar eyni böyük kasnı ailəsinin üzvləridir və ləzzətli hamsi və sarımsaqlı sarğı ilə yaxşı gedən oxşar xoş acı dada malikdirlər. Romalılar bu salatı yazın xəbərçisi hesab edirlər.

8 stəkan friz və ya 4 orta Belçika hindibası

6 hamsi filesi, doğranmışdır

1 kiçik sarımsaq, çox incə doğranmışdır

Duz

¼ stəkan bakirə zeytun yağı

1-2 xörək qaşığı qırmızı şərab sirkəsi

Təzə üyüdülmüş qara bibər

1. Xarici yarpaqları və çürükləri atın, friz və ya hindibanı kəsin. Tərəvəzləri bir neçə dəfə sərin su ilə yuyun. Çox yaxşı qurudun. Frizi istifadə edirsinizsə, dilimlənmiş parçalara bölün. Endiveni ensiz zolaqlara kəsin.

2. Böyük bir salat qabında hamsi filetosunu, sarımsağı və bir çimdik duzu çəngəllə əzin, hamar bir pasta əldə edin. Yağ və sirkə tökün.

3. Tərəvəz əlavə edin və yaxşıca qarışdırın. Zövqə görə bibər əlavə edin. Dadmaq üçün mövsüm. Dərhal xidmət edin.

Qorqonzola və qoz ilə yaşıl salat

Insalata con Gorgonzola

6 porsiya hazırlayır

Qoz və qorqonzolanın dadları bir-birinə mükəmməl uyğun gəlir. Burada onlar tender Boston kahı yarpaqları və sadə yağ və sirkə sarğı ilə atılır. Mən tez-tez bu salatı yüngül yemək kimi və ya bir kasa şorba izləmək üçün edirəm.

2 kiçik baş Boston kahı

¼ stəkan bakirə zeytun yağı

1-2 xörək qaşığı qırmızı və ya ağ şərab sirkəsi

Duz və təzə üyüdülmüş qara bibər

4 unsiya gorgonzola, qabığı çıxarılır və xırdalanır

½ stəkan qoz, qızardılmış və doğranmışdır

1. Kahı bir neçə dəfə soyuq su ilə yuyun. Çox yaxşı qurudun. Yaşılları dişləyəcək parçalara doğrayın.

2. Zövqə görə yağ, sirkə və duz və istiotu birlikdə çırpın. Sousu salatın üzərinə tökün və yaxşı örtülənə qədər atın. Ədviyyat üçün dadın.

3. Pendir və qoz əlavə edin. Yenidən atın. Dərhal xidmət edin.

Pomidor SALATLARI

Pomidor, mozzarella və reyhan salatı

Insalata Caprese

4 porsiya hazırlayır

Bu salat yayda yetişmiş pomidor, təzə mozzarella, yüksək keyfiyyətli sızma zeytun yağı və təzə reyhan ilə hazırlandıqda mükəmməldir. Daha az bir şey istifadə etməyi düşünməyin. Xidmət verməzdən əvvəl salatı yığıb xidmət etmək yaxşıdır. Soyutma onun zərif dadını məhv edərdi.

4 orta yetişmiş pomidor, 1/4 düymlük dilimlərə kəsilir

12 unsiya təzə mozzarella, 1/4 düymlük dilimlərə kəsilir

Duz və təzə üyüdülmüş qara bibər

8 təzə reyhan yarpağı

1/4 stəkan bakirə zeytun yağı

1. Pomidor və mozzarella dilimlərini xidmət nimçəsinə alternativ olaraq qoyun. Duz və istiot səpin.

2.Fesleğen yarpaqlarını yığın və nazik zolaqlara çarpaz şəkildə kəsin. Zolaqları salatın üzərinə səpin. Üzərinə yağ səpin və dərhal xidmət edin.

Variasiya:Təzə reyhanla kifayət qədər ehtiyatınız varsa, pomidor və mozzarellanın hər sırasına bir reyhan yarpağı əlavə edin.

Neapolitan Pomidor və Çörək Salatı

La Caponata

4 porsiya hazırlayır

Neapolda bu salat üçün freselle (İtalyan ərzaq mağazalarında tapılır) kimi tanınan sərt peçenyelər istifadə olunur, lakin qızardılmış çörək də istifadə edilə bilər. Nənəm həmişə bu salata buz kubları əlavə edirdi, ağıllı italyan hiyləsi. Buz inqrediyentləri bir qədər soyuyur və buz əridikcə soyuq su tərəvəz şirələrini uzadır ki, onlar çörəyə hopsunlar.

Neapolda caponata kimi tanınan bu salatı Siciliya kaponatası ilə qarışdırmayın (Şirin və turş badımcan), bişmiş badımcan, pomidor və kapari ilə hazırlanır.

4 fresel və ya 1 düym qalınlığında dilim italyan və ya fransız çörəyi, qızardılmış

2 böyük yetişmiş pomidor

2 kiçik kirbi xiyar, dilimlənmiş

3 və ya 4 dilim qırmızı soğan, doğranmışdır

4 təzə fesləğən yarpağı, kiçik parçalara kəsilmişdir

¼ stəkan bakirə zeytun yağı

Təxminən 2 xörək qaşığı ağ sirkə

Duz və təzə üyüdülmüş qara bibər

8 buz kubu

1. Freseli və ya çörəyi dişləyəcək parçalara bölün və bir qaba qoyun. Təxminən 1/4 fincan sərin su və ya çörəyi bir az yumşaltmaq üçün kifayət qədər səpin.

2. Pomidor, xiyar, soğan və reyhan əlavə edin. Zeytun yağı və sirkə ilə çiləyiniz və dadmaq üçün duz və istiot əlavə edin. Yaxşı atın.

3. Buz kublarını salata əlavə edin və 15 dəqiqə dayanmasına icazə verin. Yenidən atın və ədviyyat üçün dadın, lazım olduqda daha çox sirkə əlavə edin. Dərhal xidmət edin.

Variasiya: Siz cialedda adlanan bu salatın Pugliese versiyasını edə bilərsiniz. Onlar müxtəlif növ xiyarlardan istifadə edirlər (amma mövcud olanlardan istifadə edirlər), üstəlik turp, arugula və kərəviz.

Toskana Çörək Salatı

Panzanella

4-6 porsiya təşkil edir

Bu salatın ən vacib tərkib hissəsi qabıqlı və çeynəməli olan çörəkdir. Yumşaq selikli çörək isladılanda xırdalanmaq əvəzinə əriyirdi. Xiyar və turp da əlavə edilə bilər.

6-8 dilim günlük italyan çörəyi

½ stəkan su

2 ədəd yetişmiş pomidor, dilimlərə kəsilir

2 tender kərəviz qabırğası, incə dilimlənmişdir

1 orta boy qırmızı soğan, incə doğranmışdır

½ stəkan təzə fesleğen yarpaqları, parçalara bölünür

½ stəkan bakirə zeytun yağı

3-4 xörək qaşığı qırmızı şərab sirkəsi

Duz və təzə üyüdülmüş qara bibər

1. Çörəyi böyük bir xidmət qabına qoyun və üzərinə su səpin. 1 saat dayanaq. Artıq suyu sıxın və qabı silin. Çörəyi parçalara ayırın, qaba qaytarın.

2. Pomidor, kərəviz, soğan və reyhan əlavə edin. Yaxşı atın. Kiçik bir qabda dadmaq üçün yağ, sirkə və duz və istiotu birləşdirin. Sousu salatın üzərinə tökün və yenidən atın. Üzərini örtün və 1 saat sərin yerdə dayanmasına icazə verin.

3. Salatanı atın, ədviyyatı dadın və tənzimləyin. Dərhal xidmət edin.

Pomidor, Arugula və Ricotta Salata Salatı

Insalata di Pomodori və Ricotta Salata

4 porsiya hazırlayır

Bu gözəl, sadə hazırlanmış salatdır. Ricotta salata duzlu ricotta ilə sıxılmışdır, yarı möhkəmdir və fetaya bənzəyir. Şirin pomidorları və bir az acı rukkolayı gözəl şəkildə tamamlayır. Ricotta salata mövcud deyilsə, feta və ya xırdalanmış gorgonzola ilə əvəz edin.

1 dəstə rukkola

2 böyük yetişmiş pomidor, nüvəsi soyulmuş və incə dilimlənmişdir

2 nazik dilim qırmızı soğan, üzüklərə bölünür

¼ fincan əlavə bakirə zeytun

Duz və təzə üyüdülmüş qara bibər

4 unsiya ricotta salata, qaba qızardılmış

1. Arugula'nın sərt gövdələrini kəsin və saralmış və ya çürümüş yarpaqları atın. Arugula bir neçə dəfə sərin su ilə yuyulur. Çox yaxşı qurudun. Arugulanı dişləyəcək parçalara ayırın.

2. Pomidorları nimçəyə düzün. Arugula və soğan halqaları ilə üst. Zeytun yağı ilə çiləyiniz və dadmaq üçün duz və istiot səpin.

3. Salatın üzərinə ricotta salata səpin. Dərhal xidmət edin.

Pomidor və yumurta salatı

Insalata di Pomodori və Uova

2 ilə 4 porsiya təşkil edir

Mən bu Siciliya salatını ən azı həftədə bir dəfə yayda nahar edirəm. Bu sendviçdə də əladır.

4 böyük yumurta

2 böyük yetişmiş pomidor, dilimlərə kəsilir

4 yaşıl soğan, incə doğranmışdır

6 təzə reyhan yarpağı, yığılmış və nazik lentlərə kəsilmişdir

2 xörək qaşığı sızma zeytun yağı

1 xörək qaşığı qırmızı şərab sirkəsi

Duz və təzə üyüdülmüş qara bibər

1. Yumurtaları örtmək üçün soyuq su ilə kiçik bir qazana qoyun. Suyu bir qaynadək gətirin. 12 dəqiqə bişirin. Yumurtaları soyuq axan suyun altında sərinləyin. Sökün və soyun. Yumurtaları dörddə birinə kəsin.

2.Böyük bir qabda yumurta, pomidor, yaşıl soğan və reyhan birləşdirin.

3.Kiçik bir qabda dadmaq üçün yağ, sirkə və duz və istiotu birləşdirin. Sousu salatın üzərinə tökün və yumşaq bir şəkildə atın. Dərhal xidmət edin.

Avokado və pomidor salatı

Insalatada avokado

6 porsiya hazırlayır

Dadlı yetişmiş pomidor və zəngin, ətirli avokado ilə bu əla salat olardı. Bu, Milanda yediyim salatdan ilhamlanan müasir reseptdir. İdxal edilən provolonun kəskin, bir qədər dumanlı dadı və dilimlənmiş yerli pendirdən daha quru teksturası var. Tərxun İtaliyada çox istifadə edilmir, amma burada bir az fərqli bir şey əlavə edir. İstifadə etməmək istəsəniz, onu tərk edin və ya reyhan və ya cəfəri kimi başqa bir bitki ilə əvəz edin.

1 orta baş Boston və ya yarpaq kahı

¼ stəkan zeytun yağı

2 xörək qaşığı limon suyu

1 çay qaşığı Dijon xardal

Dadmaq üçün duz və təzə üyüdülmüş qara bibər

6 ədəd reyhan yarpağı, parçalara bölünür

1 xörək qaşığı doğranmış təzə tərxun

2 kiçik yetişmiş avokado, soyulmuş və dilimlənmişdir

4 unsiya idxal provolon, dilimlənmiş

2 orta pomidor, dilimlənmiş

1.Xarici yarpaqları və göyərmiş hər şeyi atın, kahı kəsin. Bir neçə dəfə sərin su ilə yuyun. Çox yaxşı qurudun. Kahı dişləyəcək parçalara kəsin. Təxminən 8 stəkan olmalıdır.

2.Kiçik bir qabda yağ, limon suyu, xardal və dadmaq üçün duz və istiotu birləşdirin.

3.Dərin bir nimçədə kahı, reyhan və tərxunu birlikdə atın. Sarımın yarısını əlavə edin və yaxşıca qarışdırın.

4.Avokado, provolon və pomidor dilimlərini növbə ilə üstünə düzün. Qalan sarğı ilə çiləyiniz və dərhal xidmət edin.

TƏRƏZƏZ SALATLARI

Riviera salatı

Vəziyyəti

4 porsiya hazırlayır

Bu salat İtaliyadan Fransaya qədər bütün Riviera boyunca məşhurdur. Gördüyüm digər versiyalara kərəviz, artishok və ağ və yaşıl soğan daxildir, ona görə də improvizasiya etməkdən çəkinməyin.

2 orta qaynadılmış kartof

Duz

4 böyük yumurta

2 pomidor, yarıya bölünmüş və dilimlənmişdir

1 kiçik xiyar, soyulmuş və 1/4 düym qalınlığında dilimlənmişdir

1 kiçik qırmızı və ya sarı bolqar bibəri, dar zolaqlara kəsilmişdir

6 ədəd hamsi filesi, 5 və ya 6 hissəyə kəsilir

1/2 stəkan çəyirdəkli yaşıl zeytun, yuyulub süzülmüş və iri doğranmış

6 ədəd reyhan yarpağı, parçalara bölünür

3 xörək qaşığı sızma zeytun yağı

1 xörək qaşığı şərab sirkəsi

Təzə üyüdülmüş qara bibər

1. Kartofu örtmək üçün soyuq su və dadmaq üçün duz ilə bir qazana qoyun. Bir qaynağa gətirin və tendərə qədər bişirin, təxminən 20 dəqiqə. Kartofları soyun və soyun. Onları 1/4 düym qalınlığında dilimlərə kəsin.

2. Bu vaxt yumurtaları örtmək üçün soyuq su ilə kiçik bir qazana qoyun. Suyu bir qaynadək gətirin. 12 dəqiqə bişirin. Yumurtaları soyuq axan suyun altında sərinləyin. Sökün və soyun. Yumurtaları dörddə birinə kəsin.

3. Böyük bir xidmət qabında kartof, pomidor, xiyar, bolqar bibəri, hamsi və zeytunları birləşdirin. Üstünə reyhan yarpaqlarını səpin.

4. Kiçik bir qabda dadmaq üçün yağ, sirkə və duz və istiotu birləşdirin. Sousu salatın üzərinə tökün və yumşaq bir şəkildə atın. Yumurta ilə bəzəyin. Dərhal xidmət edin.

Turşu Tərəvəzlər

Giardiniera

2 pint edir

Turşu tərəvəzlər antipasti, soyuq ət və ya sendviçlərə gözəl müşayiətdir. Tərəvəzləri mövsümə və ya mövcud olana görə dəyişin. Düymə göbələkləri, yaşıl lobya, kiçik şalgam və ya turp, xiyar və bir çox başqaları bu şəkildə hazırlana bilər. Onları dişləyəcək parçalara kəsdiyinizə əmin olun. Gözəl şüşə qabda qablaşdırılan bu rəngli tərəvəzlər gözəl hədiyyələr verir.

1 stəkan ağ şərab sirkəsi

2 stəkan su

2 xörək qaşığı şəkər

2 çay qaşığı duz

1 dəfnə yarpağı

3 orta kök, uzununa dördə bölünmüş və 1 1/2 düym uzunluğunda kəsilmiş

2 incə kərəviz qabırğası, uzununa ikiyə bölünmüş və 1 1/2 düym uzunluğunda kəsilmişdir

1 düymlük kvadratlara kəsilmiş 1 qırmızı bolqar bibəri

1 stəkan kiçik gül kələm çiçəkləri

6 kiçik inci soğan, soyulmuş

2 diş sarımsaq

1. Böyük bir qazanda sirkə və suyu qaynadək gətirin. Şəkər, duz və dəfnə yarpağı əlavə edin və şəkər və duz həll olunana qədər qarışdıraraq təxminən 1 dəqiqə bişirin.

2. Tərəvəzləri əlavə edin və mayeni yenidən qaynadək gətirin. Tərəvəzlər yumşaq, lakin hələ də xırtıldayan qədər bişirin, təxminən 5 dəqiqə. Tərəvəzləri boşaltın, mayeni qoruyun.

3. Tərəvəzləri iki sterilizə edilmiş pint bankaları arasında bölün. Sirkə qarışığını əlavə edin. İstifadə etməzdən əvvəl 24 saat soyudun, sonra örtün və soyudun. Bunlar ən azı 2 həftə soyuducuda yaxşı saxlanılır.

Rus salatı

Insalata Russa

8 porsiya hazırlayır

Bu rəngarəng salatın İtaliyada necə məşhurlaşdığını bilmirəm, amma bufet yeməkləri və ya antipasto kimi hər yerdə var. Mən də onu yay yeməyinə soyuq karides, omar, qaynadılmış və ya hisə verilmiş balıq və ya bərk bişmiş yumurta ilə xidmət etməyi xoşlayıram. Bir partiya üçün, hamsi filesi, limon dilimləri, pomidor və ya göyərti ilə bəzədilmiş gözəl görünür.

Tərəvəzləri mövsümə görə dəyişdirin. Karnabahar, brokoli və balqabaqdan istifadə etmək yaxşıdır.

3 orta qaynadılmış kartof, soyulmuş və 1/2 düymlük kublara kəsilmiş

Duz

8 unsiya yaşıl lobya, kəsilmiş və 1/2 düym uzunluğunda kəsilmişdir

3 orta kök, kəsilmiş və 1/2 düymlük kublara kəsilmişdir

1 stəkan təzə və ya dondurulmuş noxud

2 xörək qaşığı sızma zeytun yağı

2 xörək qaşığı ağ şərab sirkəsi

3 və ya 4 turş turşu, 1/2 düymlük parçalara kəsilmiş (təxminən 1 fincan)

2 xörək qaşığı kapers, yuyulur və süzülür

Təzə üyüdülmüş bibər

1 stəkan mayonez

2 xörək qaşığı doğranmış təzə düz yarpaqlı cəfəri

1. Kartofu örtmək üçün soyuq su və dadmaq üçün duz ilə bir qazana qoyun. Bir qaynağa gətirin və tenderə qədər bişirin, təxminən 5 dəqiqə. Axar suyun altında sərinləyin. Drenaj.

2. Orta bir qazanda qaynatmaq üçün təxminən 2 litr su gətirin. Yaşıl lobya, yerkökü və noxud əlavə edin, dadmaq üçün duz edin. Tenderə qədər bişirin, təxminən 5 dəqiqə. Axar suyun altında sərinləyin. Drenaj.

3. Böyük bir qabda yağ, sirkə və duzu dadmaq üçün çalın. Tərəvəzləri qurudun. Bütün bişmiş tərəvəzləri, turşuları və kapariləri sousa əlavə edin və yaxşıca qarışdırın. Zövqə görə bibər əlavə edin.

4. Mayonezlə qarışdırın. Dadın və ədviyyatı tənzimləyin. Salatanı xidmət qabına yığın. Xidmət vermədən əvvəl ən azı 1 və ya 4

saata qədər örtün və soyudun. Cəfəri ilə bəzəyin və dərhal xidmət edin.

Göbələk və Parmigiano Salatı

Insalata di Funghi və Parmigiano

6 porsiya hazırlayır

Bütün il boyu salat üçün, göbələk, kərəviz və yerkökü ilə hazırlanmış bu salatı məğlub edə bilməzsiniz. Ağ göbələklərdən istifadə edilə bilər və ya porcini kimi yabanı göbələkləri əvəz edə bilərsiniz. Bolonyada yumurta formalı qapaqlı yumurtalı, gözəl ağ və narıncı göbələklərlə bu salatı yedim. Mən adətən Parmigiano-Reggiano ilə salat üstə qoysam da, Grana Padano, yumşaq pecorino və ya hətta qozlu Emmental istifadə edilə bilər.

Tərəvəzləri kağız şəklində incə doğradığınızdan əmin olun. Ən yaxşı nəticə əldə etmək üçün ən dar kəsici bıçaq və ya mandolin dilimləyicisi olan qida prosessorundan istifadə edin.

12 unsiya ağ göbələk, dilimlənmiş kağız nazik

2 incə kərəviz qabırğası, dilimlənmiş kağız nazik

2 orta kök, dilimlənmiş kağız-incə

2/3 fincan əlavə bakirə zeytun yağı

2-3 xörək qaşığı təzə limon suyu

Duz və təzə üyüdülmüş qara bibər

Parmigiano-Reggiano'nun kiçik bir pazı

1. Böyük bir boşqabda göbələkləri, kərəvizləri və yerköküləri birləşdirin.

2. Zövqə görə yağ, limon suyu və duz və istiotu birlikdə çırpın. Sousu salatın üzərinə tökün və yaxşıca qarışdırın. Dadın və ədviyyatı tənzimləyin.

3. Dönər bıçaqlı tərəvəz qabığı ilə pendiri salatın üzərinə qırxın. Dərhal xidmət edin.

Şüyüd və Parmigiano Salatı

Insalata di Finocchio və Parmigiano

4 porsiya hazırlayır

Şüyüdün yumşaq biyan ləzzəti, limonun qarışığı və cəfərinin təzə dadı bu salatda gözəl tarazlıq yaradır. Bu, dəniz məhsulları yeməyi üçün mükəmməl bir ilk yemək olardı və ya bufet şam yeməyi üçün xidmət edərdi. Xırtıldayan şüyüd solmadan yaxşı dayanır. Həqiqətən incə dilimlənmiş şüyüd üçün mandolin dilimləyicisi və ya yemək prosessorundan istifadə edin.

2 orta şüyüd soğanı, kəsilmiş

2 xörək qaşığı doğranmış təzə düz yarpaqlı cəfəri

3 xörək qaşığı zeytun yağı

1-2 xörək qaşığı təzə limon suyu

Parmigiano-Reggiano'nun kiçik bir pazı

1. Şüyüdləri uzununa yarıya bölün və nüvəni çıxarın. Bir mandolin dilimləyicisi və ya ən dar bıçaqla təchiz edilmiş yemək prosessoru ilə yarıları çarpaz şəkildə çox nazik dilimlərə kəsin.

2. Bir qabda şüyüdləri cəfəri, yağ, limon suyu və dadmaq üçün duz və istiotla qarışdırın. Dadın və ədviyyatı tənzimləyin. Salatanı 4 boşqaba yığın.

3. Dönən bıçaqlı tərəvəz qabığı ilə Parmigiano-nu nazik lopalara kəsin və salatın üzərinə səpin. Dərhal xidmət edin.

Şüyüd və Zeytun Salatı

Insalata di Finocchio və Oliva

4 porsiya hazırlayır

Böyük yaşıl zeytunlar Siciliyada duzlu suda qurudulur və turş, kəskin dad və xırtıldayan teksturaya malikdir. Müalicəvi mayenin zeytun ətinə daha tez nüfuz etməsinə kömək etmək üçün zeytunlar tez-tez istehsalçı tərəfindən çatla açılır. Çuxurların çıxarılması adətən asan olur, lakin lazım gələrsə, zeytunları bıçağın tərəfi ilə yüngülcə əzmək olar ki, çuxurdan çıxsınlar. Ancaq çox sıxmayın, əks halda çuxur çatlaya bilər.

Bu yaxşı xırtıldayan yan salat və ya pendir və ya soyuq dilimlərlə hazırlanmış sendviçə əla əlavədir.

1 kiçik qırmızı soğan, incə doğranmışdır

8 unsiya Siciliya yaşıl zeytun

1 kiçik şüyüd soğanı, kəsilmiş, öz-özünə kəsilmiş və incə dilimlənmişdir

2 xörək qaşığı doğranmış təzə düz yarpaqlı cəfəri

1/2 çay qaşığı qurudulmuş oregano

¼ çay qaşığı doğranmış qırmızı bibər

¼ stəkan bakirə zeytun yağı

2 xörək qaşığı ağ şərab sirkəsi

1. Soğan dilimlərini orta ölçülü buzlu suda 15 dəqiqə isladın. Soğanı qurutun və qurudun.

2. Zeytunları kəsmək üçün onları kəsmə taxtasına qoyun. Böyük bir aşpaz bıçağını zeytunun üstünə yan tərəfə qoyun və əlinizin dabanı ilə möhkəm, lakin yumşaq bir şəkildə vurun. Zeytun açılmalıdır. Çuxuru çıxarın. Qalan zeytunlarla təkrarlayın. Çəkilmiş zeytunları qaba əlavə edin.

3. Şüyüd, cəfəri, oregano, qırmızı bibər, yağ və sirkəni qaba əlavə edin. Çox yaxşı atın. Xidmət vermədən əvvəl bir az soyudun.

Acılı yerkökü salatı

Insalata di Carote Piccante

4-6 porsiya təşkil edir

Əvvəllər bu salatı bişmiş yerkökü ilə hazırlayardım, amma xırda doğranmış çiy yerkökü ilə də sousu xoşlayıram. Bu antipasto çeşidi və ya frittata ilə getmək üçün rəngli garnitürdür.

1 funt yerkökü

3 xörək qaşığı sızma zeytun yağı

2 xörək qaşığı ağ şərab sirkəsi

1 diş sarımsaq, çox incə doğranmışdır

1 çay qaşığı şəkər

Bir çimdik doğranmış qırmızı bibər

Duz və təzə üyüdülmüş qara bibər

2 xörək qaşığı doğranmış təzə nanə və ya cəfəri

1. Yerkökü soyun. Parçalama bıçağı ilə təchiz edilmiş yemək prosessorunda və ya qutu sürtgəcində yerkökü doğrayın. Onları bir qaba qoyun.

2. Kiçik bir qabda yağ, sirkə, sarımsaq, şəkər, doğranmış qırmızı bibər, dadmaq üçün duz və istiotu birləşdirin. Şəkər həll olunana qədər çırpın.

3. Sousu salatın üzərinə tökün və səpin. Nanə əlavə edin və yenidən atın. Dərhal xidmət edin və ya bir saata qədər soyudun.

Kartof və su teresi salatı

Insalata di Patate və Crescione

4 porsiya hazırlayır

Horseradish adətən Şimali İtaliyanın Trentino-Alto Adige bölgəsində istifadə olunur. Bu resepti mənə bir neçə il əvvəl həmin bölgədən olan bir aşpaz vermişdi. Qeyri-adi sarğı qatıq və zeytun yağı ilə hazırlanır, təəccüblü dərəcədə dadlı birləşmədir. Bu barədə düşünəndə mənə kəsb edir. Yağ yüksək turşu tərkibli tərkib hissəsi ilə qarışdırılır, baxmayaraq ki, adi sirkə və ya limon şirəsi əvəzinə, burada turşu tang qatıqdan gəlir.

1 1/2 funt Yukon qızılı və ya digər mumlu qaynar kartof

Duz

3/4 stəkan ətirsiz qatıq

1/4 stəkan bakirə zeytun yağı

2 xörək qaşığı soyulmuş və doğranmış təzə horseradish və ya süzülmüş şişelənmiş horseradish

Zövqə görə təzə doğranmış qara bibər

1 böyük dəstə vəzəri, sərt gövdələri çıxarıldı (təxminən 4 stəkan)

1. Kartofları örtmək üçün soyuq su və dadmaq üçün duz ilə orta bir qazana qoyun. Bir qaynağa gətirin və bıçaqla deşildikdə kartof yumşaq olana qədər təxminən 20 dəqiqə bişirin. Sökün və bir az sərinləyin. Kartofu soyun və 1/4 düym qalınlığında dilimlərə kəsin.

2. Orta qabda qatıq, yağ, horseradish, duz və istiotu dadmaq üçün hamar və yaxşı qarışdırılana qədər qarışdırın.

3. Kasaya kartofu və su tərəsini əlavə edib yaxşıca qarışdırın. Dadın və ədviyyatı tənzimləyin. Dərhal xidmət edin və ya örtün və soyuducuda 3 saata qədər soyudun.

Artusinin Kartof Salatı

Insalata di Patate al'Artusi

6 ilə 8 porsiya təşkil edir

Mən bu kartof salatı reseptini Pellegrino Artusinin klassik italyan yemək kitabından, Scienza in Cucina e l'Arte di Mangiar Bene (İngilis dilində Mətbəxdə Elm və Yaxşı Yemək Sənəti kimi nəşr olunur) uyğunlaşdırdım. İtaliyada çox az ev təsərrüfatlarında L'Artusi-nin nüsxəsi yoxdur, məsələn, L'Artusinin nüsxəsi 1891-ci ildə ilk dəfə çap olunduqdan sonra milyonlarla satılıb.

2 funt Yukon qızılı və ya digər mumlu kartof

Duz

1/3 fincan əlavə bakirə zeytun yağı

3 xörək qaşığı ağ şərab sirkəsi

1/2 çay qaşığı qurudulmuş oregano

Təzə üyüdülmüş qara bibər

1 (2 unsiya) hamsi filesi, süzülmüş və doğranmışdır

1 kiçik qırmızı bolqar bibəri, doğranmışdır

1 stəkan doğranmış kərəviz

¼ stəkan doğranmış qırmızı soğan

3 xörək qaşığı kapers, süzülmüş və doğranmışdır

1. Kartofu orta bir qazana qoyun və üstünü örtmək üçün soyuq su və dadmaq üçün duz əlavə edin. Orta istilikdə bir qaynağa gətirin. Bıçaqla deşdikdə kartoflar yumşalana qədər təxminən 20 dəqiqə bişirin. Sökün və bir az sərinləyin. Kartofu soyun və dilimlərə kəsin.

2. Böyük bir qabda zeytun yağı, sirkə, oregano və dadmaq üçün duz və istiotu birləşdirin. Kartof, hamsi, bolqar bibəri, kərəviz, soğan və kapari əlavə edin. Yavaşca qarışdırın. Dadın və ədviyyatı tənzimləyin. Xidmət vermədən 1-3 saat əvvəl örtün və soyudun.

Yaşıl lobya, kartof və qırmızı soğan salatı

Insalata di Fagiolini

4 porsiya hazırlayır

Anam tez-tez bu salatı yarpaqlı göyərti ilə hazırlanmış salata yay alternativi kimi hazırlayırdı. İtaliyanın bütün cənubunda məşhurdur. Təzə cəfəri, reyhan və ya nanə istifadə edilə bilər.

4 orta qaynadılmış kartof

Duz

1 funt yaşıl lobya, kəsilmiş

1 kiçik qırmızı soğan, doğranmışdır

1/3 fincan əlavə bakirə zeytun yağı

3 xörək qaşığı qırmızı şərab sirkəsi

2 xörək qaşığı doğranmış təzə reyhan, nanə və ya cəfəri və ya 1/2 çay qaşığı quru oregano

Təzə üyüdülmüş qara bibər

1. Kartofu orta bir qazana qoyun və üstünü örtmək üçün soyuq su və dadmaq üçün duz əlavə edin. Üzərini örtün və orta istilikdə

bir qaynadək gətirin. Bıçaqla deşdikdə kartoflar yumşalana qədər təxminən 20 dəqiqə bişirin. Yaxşı süzün. Bir az sərinləyin. Kartofu soyun və 1/4 düymlük dilimlərə kəsin.

2.Başqa bir böyük tencere suyu qaynadək gətirin. Dadmaq üçün yaşıl lobya və duz əlavə edin. Fasulye yumşaq olana qədər bişirin, təxminən 8 dəqiqə. Fasulyeləri boşaltın və axan suyun altında sərinləyin. Sökün və qurudun. Fasulyeləri dişləyəcək parçalara kəsin.

3.Böyük bir qabda dadmaq üçün yağ, sirkə, göyərti və duz və istiotu birləşdirin. Kartof, lobya və soğanı əlavə edin və yaxşıca qarışdırın. Dadın və ədviyyatı tənzimləyin. Dərhal xidmət edin.

Yaşıl lobya, kərəviz və zeytun salatı

Insalta di Fagioli, Sedano, və Zeytun

6 porsiya hazırlayır

Bu salat vaxt keçdikcə daha yaxşı olur, buna görə də piknikler və ya digər toplantılar üçün əvvəlcədən hazırlamaq yaxşıdır. Soyuducuya qoyulduqdan sonra otaq temperaturunda bir az isinsin. Xidmət verməzdən əvvəl salatı dadın, çünki salat dayandıqca sirkə və duz dadları azalır. Hər hansı bir marinadlanmış salatda olduğu kimi, ləzzəti parlaqlaşdırmaq üçün xidmət etməzdən əvvəl daha çox sirkə və ya duz səpmək lazım ola bilər.

1 funt yaşıl lobya, kəsilmiş

Duz

¼ stəkan bakirə zeytun yağı

2 xörək qaşığı qırmızı şərab sirkəsi

1 kiçik diş sarımsaq, doğranmış

Bir çimdik doğranmış qırmızı bibər

1 tender kərəviz qabırğası, kəsilmiş və doğranmışdır

½ stəkan doğranmış yaşıl zeytun

1. Böyük bir qazanda 2 litr su qaynatın. Dadmaq üçün lobya və duz əlavə edin. Fasulye yumşaq olana qədər, təxminən 8 dəqiqə bişirin. Fasulyeləri boşaltın və soyuq axan suyun altında sərinləyin. Lobyaları qurutun.

2. Böyük bir xidmət qabında yağ, sirkə, dadmaq üçün duz, sarımsaq və qırmızı bibəri qarışdırın. Fasulye əlavə edin və yaxşıca qarışdırın. Qalan maddələri əlavə edin və sarğı ilə yaxşı örtülənə qədər qarışdırın. Dadın və ədviyyatı tənzimləyin. Dərhal xidmət edin və ya soyuducuda 3 saata qədər soyudun.

İsti Mərci Salatı

Insalata di Lenticchie

8 porsiya hazırlayır

Bu torpaq salatını kotechino və ya digər kolbasa ilə xidmət edin və ya tamamilə fərqli bir şey üçün qızardılmış qızılbalıq ilə xidmət edin. Onları tapa bilsəniz, lenticchie di Castelluccio kimi tanınan Umbria'dan kiçik yaşıl mərciməklərdən və ya Fransız le Puy mərciməklərindən istifadə edin. Bu dadlı mərci sortları öz formasını burada satılan adi qəhvəyi mərciməyə nisbətən daha yaxşı saxlayır.

1 funt mərcimək, yuyulur və yığılır

2 qabığı təmizlənməmiş sarımsaq

3 budaq təzə kəklikotu

1 dəfnə yarpağı

Duz

1/3 fincan əlavə bakirə zeytun yağı

3 xörək qaşığı qırmızı şərab sirkəsi

1 çay qaşığı Dijon xardal

Təzə üyüdülmüş qara bibər

1 kiçik qırmızı soğan, incə doğranmışdır

1/4 fincan doğranmış təzə düz yarpaqlı cəfəri

1. Mərciməkləri 1 düym örtmək üçün soyuq su ilə böyük bir qazana qoyun. Sarımsaq və göyərti əlavə edin. Mayeni bir qaynadək gətirin və 35 dəqiqə bişirin. Dadmaq üçün duz əlavə edin və mərcimək yumşaq olana qədər təxminən 10 dəqiqə daha bişirin.

2. Mərciməkləri boşaltın və göyərti və sarımsağı atın.

3. Kiçik bir qabda dadmaq üçün yağ, sirkə, xardal və duz və istiotu birləşdirin. Mərci, soğan və cəfəri əlavə edin. Yaxşı qarışdır. İsti və ya otaq temperaturunda xidmət edin.

Yeddi Salatlı Fava Lobya Püresi

Fave con Sette Insalate

6 porsiya hazırlayır

Qabıqları soyulmuş, qurudulmuş fava lobya bişdikcə öz formasını itirir və hamar bir pasta halına salmaq asandır. İtaliyanın cənubunda ən çox sevilən yemək, üstünə qızardılmış göyərti ilə doldurulmuş fava paxlasıdır. Pugliadakı aşpazlar bu fikri daha da irəli aparır və bişmiş, xam və turşu tərəvəzlərin birləşməsi ilə favaya üstünlük verirlər. Üst qatlar soyuq və ya ən azı otaq temperaturunda olduğu üçün onlara salat deyilir. Tipik olaraq, yeddi müxtəlif əlavələr istifadə olunur, lakin istədiyiniz qədər az istifadə edə bilərsiniz. Bu gözəl qəlyanaltı və ya ətsiz əsas yemək edir.

8 unsiya qurudulmuş soyulmuş fava lobya, yuyulur və süzülür

Dadmaq üçün duz

4 xörək qaşığı sızma zeytun yağı

1 funt təzə ispanaq, eskarol və ya brokoli rabe, kəsilmiş və dişlək ölçülü parçalara kəsilmiş

1 böyük yetişmiş pomidor, toxumlanmış və doğranmışdır

1 fincan yumşaq qara zeytun, məsələn, Gaeta, çəyirdəkli və qaba doğranmışdır

1 stəkan arugula, sərt gövdələri çıxarılır

½ stəkan isti və ya şirin duzlu bibər, süzülmüş və dilimlənmişdir

½ stəkan incə dilimlənmiş xiyar və ya turp

2 yaşıl soğan, incə doğranmışdır

1. Lobyaları 1 düym və 1 çay qaşığı duz ilə örtmək üçün təzə soyuq su ilə böyük bir qazana qoyun. Suyu bir qaynadək gətirin və çox yumşaq olana və bütün maye udulana qədər aşağı istilikdə təxminən 1 saat bişirin. Lazım gələrsə, lobya qurumasın deyə bir az daha su əlavə edin.

2. Yaşılları orta odda 1/4 stəkan su ilə böyük bir qazana qoyun. Dadmaq üçün duz əlavə edin. Üzərini örtün və 5 dəqiqə və ya solmuş və yumşaq olana qədər bişirin. Yaxşı süzün.

3. Qazanda lobya hamarlanana qədər əzin. Duz dadın. Yağı qarışdırın.

4. Fava lobyalarını isti bir süfrəyə yaydırın. Bir az zeytun yağı ilə çiləyiniz. Tərəvəz yığınlarını kənarına qoyun. Dərhal xidmət edin.

Yay Düyü Salatı

Insalata di Riso

4 porsiya hazırlayır

Havalar isti olanda, italyanlar düyü ilə salatlar hazırlayırlar. Uzun taxıllı düyü, taxılların salatda ayrı qalmasına kömək etmək üçün istifadə olunur. Düyü soyuducuda sərtləşəcək, ona görə də bu salatı otaq temperaturunda vermək yaxşıdır.

Bu salat ızgara qılınc balığı və ya tuna ilə yaxşı gedir və ya toyuq və ya biftek ilə xidmət edir. Hərdən salata bir konserv tuna əlavə edib bütöv yemək kimi verirəm.

1 1/2 stəkan uzun taxıllı düyü

Duz

2 qovrulmuş qırmızı və ya sarı bolqar bibəri, doğranmışdır

1 stəkan albalı və ya üzüm pomidoru, əgər böyükdürsə, yarıya bölünmüş və ya dörddə birinə kəsilmişdir

1 (2 unsiya) hamsi, qurudulmuş və doğranmışdır

3/4 stəkan dadlı qara zeytun, məsələn, Gaeta, çəyirdəkli və doğranmışdır

¼ fincan doğranmış təzə reyhan

1 diş sarımsaq, çox incə doğranmışdır

¼ stəkan bakirə zeytun yağı

2-3 xörək qaşığı təzə limon suyu

1. Orta istilikdə böyük bir qazanda 31/2 stəkan suyu qaynadək gətirin. Dadmaq üçün düyü və duz əlavə edin. Düyü bir qaynağa qayıdanda, istiliyi minimuma endirin və tavanı örtün. Su udulana və düyü yumşaq olana qədər bişirin, təxminən 18 dəqiqə. Bir az sərinləyin.

2. Böyük bir xidmət qabında bibər, pomidor, hamsi, zeytun, reyhan və sarımsağı birləşdirin. Yaxşı atın. Düyü əlavə edin və yenidən atın.

3. Kiçik bir qabda yağı və limon suyunu birlikdə çırpın. Sousu qabdakı inqrediyentlərin üzərinə tökün. Dadın və ədviyyatı tənzimləyin. İsti və ya otaq temperaturunda xidmət edin.

MEYVƏLİ SALATLAR

"Xırtıldayan" salat

Insalata Croccante

4 porsiya hazırlayır

Qışda təzə tərəvəz qıtlığı olanda bu dadlı salatı hazırlamağı xoşlayıram. Adı hər şeyi deyir - croccante və ya xırtıldayan, alma, qoz-fındıq və qaymaqlı gorgonzola işarəsi ilə atılmış xırtıldayan tərəvəzlər. Almanın qabığını soyub soymamaq sizə bağlıdır. Mən, ümumiyyətlə, alma mumlu deyilsə, onları qabıqsız qoyuram.

3-dən 4-ə qədər Belçika hindiba, yarpaqlara ayrılır

2 xörək qaşığı zeytun yağı

1-2 xörək qaşığı təzə limon suyu

Duz və təzə üyüdülmüş qara bibər

1 orta alma, məsələn, qala, Fuji və ya Braeburn, nüvəsi soyulmuş və nazik dilimlənmiş

1 kiçik şüyüd, kəsilmiş və incə dilimlənmişdir

2 yaşıl soğan, incə doğranmışdır

4 unsiya gorgonzola, parçalanmış

½ stəkan qızardılmış qoz

1. 4 xidmət boşqabında hinduba yarpaqlarını yelləyin.

2. Orta qabda yağ, limon suyu və dadmaq üçün duz və istiotu qarışdırın.

3. Alma, şüyüd və yaşıl soğanı əlavə edib yaxşıca qarışdırın. Qorqonzola əlavə edin və yenidən atın.

4. Salat qarışığını hindibanın dibinə tökün. Fındıq ilə səpin və dərhal xidmət edin.

Armud və Pecorino salatı

Insalata di Pere və Pecorino

4 porsiya hazırlayır

Yetişmiş armud və pecorino, Roma və Toskanada yeməkdən sonra tez-tez verilən klassik birləşmədir. Bu salat bibərli su teresi və ya rukkola və sadə limonlu sarğı əlavə etməklə konsepsiyanı bir az da genişləndirir. Şirin, yumşaq armud duzlu pendir və bibərli göyərti üçün gözəl bir kontrastdır. İstəyirsinizsə, armudları alma ilə əvəz edin.

Təxminən 6 stəkan vəzəri və ya arugula, sərt gövdələri çıxarılır

2-3 çay qaşığı təzə limon suyu

3 xörək qaşığı sızma zeytun yağı

Duz və təzə üyüdülmüş qara bibər

2 möhkəm yetişmiş armud, incə dilimlənmişdir

Kiçik paz Pecorino Romano və ya Parmigiano-Reggiano

1. Su teresi və ya aruguladan sərt gövdələri kəsin və saralmış və ya əzilmiş yarpaqları atın. Yaşılları sərin suyun bir neçə dəyişməsində yuyun. Çox yaxşı qurudun. Yaşılları dişləyəcək parçalara doğrayın. Yaşılları dörd salat boşqabına bölün.

2. Orta bir qabda limon suyu, yağ, duz və istiotu dadmaq üçün qarışdırın. Armudları əlavə edin və sarğı ilə yumşaq bir şəkildə atın.

3. Yaşılların üstünə armudları qoyun. Kiçik soyma bıçağı və ya fırlanan bıçaqlı tərəvəz qabığı ilə hər salatın üzərinə nazik pendir lopalarını qırxın. Dərhal xidmət edin.

Portağal və şüyüd salatı

Insalata di Arancia və Finocchio

4 porsiya hazırlayır

Bu məşhur Siciliya salatında ləzzət birləşməsi sensasiyalıdır. Şirin, şirəli portağal, xırtıldayan şüyüd və qırmızı soğan, təzə nanə və sıx qara zeytun bir yerdə nainki dadlıdır, həm də gözəl görünür.

2 böyük göbək portağalı, qabığı soyulmuş, özləri çıxarılır və çarpaz dilimlərə kəsilir

1 orta şüyüd soğanı, kəsilmiş və çox incə dilimlənmişdir

1/2 qırmızı soğan, çox incə dilimlənmiş

12 ədəd xaricdən gətirilən qara zeytun, məsələn, yağla müalicə olunur

3 xörək qaşığı sızma zeytun yağı

Dadmaq üçün duz

2 xörək qaşığı doğranmış təzə nanə

Portağal dilimlərini şüyüdlə bir nimçəyə növbə ilə düzün. Üstünə soğan və qara zeytunu səpin. Zeytun yağı və duz ilə çiləyiniz. Nanə ilə səpin. Dərhal xidmət edin.

Çuğundur və portağal salatı

Insalata di Barbabietole və Arancia

4 porsiya hazırlayır

Bu qırmızı çuğundurun, portağal dilimlərinin və nanənin ziddiyyətli rəngləri ilə xüsusilə gözəl salatdır. Daha əhəmiyyətli etmək üçün, bir az keçi pendiri və ya xırdalanmış gorgonzola ilə xidmət edin.

4 qovrulmuş çuğundur), soyulmuş

2 göbək portağalı, soyulmuş və dilimlənmişdir

2 xörək qaşığı sızma zeytun yağı

1 çay qaşığı təzə limon suyu

Duz və təzə üyüdülmüş qara bibər

2 xörək qaşığı doğranmış təzə nanə

1. Çuğundurları 1/4 düymlük dilimlərə kəsin. Bir boşqabda çuğundur və portağal dilimlərini dəyişdirin.

2. Yağ və limon suyunu dadmaq üçün duz və istiot ilə çalın. Sousu çuğundur və portağalların üzərinə tökün. Üstünə nanə səpin. Dərhal xidmət edin.

Bulyonda Çörək Əriştəsi

Brododa Passatelli

6 porsiya hazırlayır

Passatelliquru çörək qırıntıları və rəndələnmiş pendir ilə döyülmüş yumurta ilə bağlanmış əriştə kimi xəmir lifləridir. Xəmir kartof püresi və ya qida dəyirmanına bənzər bir cihazdan birbaşa qaynayan bulyona keçirilir. Bəzi aşpazlar xəmirə bir az təzə rəndələnmiş limon qabığı əlavə edirlər. Bulyonda Passatelli bir vaxtlar Emilia-Romagna'da ənənəvi bazar günü yeməyi, sonra isə qovurma idi.

8 stəkan evdə hazırlanmışdırƏt Bulyonuvə yaToyuq Bulyonuvə ya yarı mağazada alınmış bulyon və yarı suyun qarışığı

3 böyük yumurta

1 stəkan təzə rəndələnmiş Parmigiano-Reggiano, üstəlik xidmət üçün daha çox

2 xörək qaşığı çox incə doğranmış təzə düz yarpaqlı cəfəri

¼ çay qaşığı rəndələnmiş muskat qozu

Təxminən ¾ fincan düz quru çörək qırıntıları

1. Lazım gələrsə, bulyonu hazırlayın. Sonra, böyük bir qabda, qarışana qədər yumurtaları döyün. Pendir, cəfəri və muskat qozunu hamarlanana qədər qarışdırın. Hamar, qalın bir pasta yaratmaq üçün kifayət qədər çörək qırıntıları əlavə edin.

2. Əgər təzə hazırlanmayıbsa, bulyonu böyük bir qazanda qaynadək gətirin. Bulyonu dadın və lazım olduqda ədviyyatı tənzimləyin.

3. Qazanın üzərinə böyük deşikli bıçaq, kartof düyü qabı və ya böyük deşikləri olan süzgəc ilə təchiz olunmuş qida dəyirmanı qoyun. Pendir qarışığını qida dəyirmanı və ya süzgəcdən keçirərək qaynayan bulyona itələyin. 2 dəqiqə aşağı istilikdə bişirin. İstidən çıxarın və xidmət etməzdən əvvəl 2 dəqiqə dayanmasına icazə verin. Əlavə pendir ilə isti xidmət edin.

Tirol çörəyi köftesi

Canederli

4 porsiya hazırlayır

İtaliyanın şimalında, Avstriya sərhədinə yaxın aşpazlar Emilia Romagnada hazırlanmış passatelli köftələrindən tamamilə fərqli çörək parçaları hazırlayırlar. Avstriya knödelə bənzər, canederli tam buğda və ya çovdar çörəyi ilə hazırlanır, salam (iri üyüdülmüş donuz ətindən hazırlanmış qurudulmuş kolbasa) və ya mortadella (muskat qozu və çox vaxt bütün püstə ilə ətirli çox incə üyüdülmüş donuz ətindən hazırlanmış zərif kolbasa) . Onlar maye içində qaynadılır, sonra bulyonda xidmət edilir, baxmayaraq ki, pomidor sousu və ya yağ sousu ilə də yaxşıdır.

8 stəkan evdə hazırlanmışdır Ət Bulyonu və ya Toyuq Bulyonu və ya yarı mağazada alınmış bulyon və yarı suyun qarışığı

4 stəkan günlük toxumsuz çovdar çörəyi və ya tam buğda çörəyi

1 stəkan süd

2 xörək qaşığı duzsuz kərə yağı

½ stəkan doğranmış soğan

3 unsiya salam, mortadella və ya hisə verilmiş vetçina, çox incə doğranmışdır

2 böyük yumurta, döyülmüş

2 xörək qaşığı doğranmış təzə soğan və ya təzə yarpaqlı cəfəri

Duz və təzə üyüdülmüş qara bibər

Təxminən 1 stəkan çox məqsədli un

½ fincan təzə rəndələnmiş Parmigiano-Reggiano

1. Lazım gələrsə, bulyonu hazırlayın. Sonra böyük bir qabda çörəyi süddə 30 dəqiqə isladın, arabir qarışdırın. Çörək parçalanmağa başlamalıdır.

2. Kiçik bir tavada kərə yağı orta istilikdə əridin. Soğanı əlavə edin və tez-tez qarışdıraraq, təxminən 10 dəqiqə qızılı qədər bişirin.

3. Tava içindəkiləri çörəyin üzərinə sürtün. Dadmaq üçün ət, yumurta, cəfəri və ya cəfəri, duz və istiot əlavə edin. Undan kifayət qədər az-az qarışdırın ki, qarışıq öz formasını saxlasın. 10 dəqiqə dayanaq.

4. Əllərinizi sərin su ilə nəmləndirin. Qarışığın təxminən 1/4 stəkanını götürün və top halına salın. Topu una yuvarlayın. Köftəni mumlu kağızın üzərinə qoyun. Qalan qarışıqla təkrarlayın.

5. Böyük bir qazan suyu qaynadək gətirin. İstiliyi azaldın ki, su sadəcə qaynasın. Diqqətlə köftələrin yarısına atın və ya qazanın sıx olmaması üçün kifayətdir. 10-15 dəqiqə və ya köftələr hazır olana qədər bişirin. Yivli qaşıqla köftələri boşqaba köçürün. Qalan köftələri də eyni şəkildə bişirin.

6. Şorba xidmət etməyə hazır olduqda, bulyonu qaynamaq üçün qızdırın. Köftələri əlavə edin və 5 dəqiqə və ya qızdırılana qədər yumşaq bir şəkildə bişirin. Köftələri rəndələnmiş pendirlə birlikdə bulyonda xidmət edin.

Yaşıl lobya və kolbasa şorbası

Zuppa di Fagiolini

4 porsiya hazırlayır

Bir yay mən balaca olanda Nyu-Yorkun Long Island sahilində Viktoriya dövrünə aid ecazkar evi olan böyük xalamı ziyarət etdim. O, hər gün əri üçün nəfis nahar və şam yeməyi hazırlayırdı. Bu onun hazırlayacağı şorbalardan biri idi.

Mən bu şorba üçün orta taxıllı düyüdən istifadə edirəm - risotto üçün istifadə etdiyim növ - çünki evdə buna meyl edirəm, lakin uzun taxıllı düyü də işləyə bilər.

2 xörək qaşığı zeytun yağı

1 orta soğan, doğranmış

1 qırmızı və ya sarı bolqar bibəri, doğranmışdır

3 italyan tipli donuz əti kolbasa

2 böyük pomidor, soyulmuş, toxumu soyulmuş və doğranmış və ya 1 stəkan konservləşdirilmiş pomidor, doğranmış

8 unsiya yaşıl lobya, kəsilmiş və dişlək ölçülü parçalara kəsilmişdir

Bir çimdik doğranmış qırmızı bibər

Duz

3 stəkan su

¼ fincan orta taxıllı düyü, məsələn, Arborio

1. Orta bir qazana yağı tökün. Soğan, bibər və kolbasa əlavə edin və tərəvəzlər yumşaq olana və kolbasa yüngülcə qızarana qədər, təxminən 10 dəqiqə qarışdıraraq bişirin.

2. Dadmaq üçün pomidor, yaşıl lobya, doğranmış qırmızı bibər və duz əlavə edin. 3 stəkan sərin su əlavə edin və bir qaynadək gətirin. İstiliyi azaldın və 15 dəqiqə bişirin.

3. Kolbasaları bir boşqaba köçürün. Kolbasaları incə doğrayın və qazana qaytarın.

4. Düyü ilə qarışdırın və düyü yumşaq olana qədər 15-20 dəqiqə daha bişirin. İsti xidmət edin.

Eskarol və Kiçik Küftə Şorbası

Zuppa di Scarola və Polpettini

6 ilə 8 porsiya təşkil edir

Bu, böyüyəndə ən çox sevdiyim şorba idi, baxmayaraq ki, biz onu yalnız bayramlarda və xüsusi günlərdə yedik. Mən hələ də buna müqavimət göstərə bilmirəm və tez-tez edirəm.

4 litr evdə hazırlanmışdır<u>Toyuq Bulyonu</u>və ya yarı mağazada alınmış bulyon və yarı suyun qarışığı

1 orta eskarol başı (təxminən 1 funt)

3 böyük yerkökü, doğranmışdır

Küftə

1 kilo dana və ya mal əti

2 böyük yumurta, döyülmüş

½ fincan çox incə doğranmış soğan

1 stəkan adi çörək qırıntıları

1 stəkan təzə rəndələnmiş Pecorino Romano, üstəlik xidmət üçün daha çox

1 çay qaşığı duz

Zövqə görə təzə doğranmış qara bibər

1. Lazım gələrsə, bulyonu hazırlayın. Sonra, eskarolları kəsin və çürük yarpaqları atın. Kök uclarını kəsin. Yarpaqları ayırın və sərin suda, xüsusən də torpağın toplandığı yarpaqların ortasında yaxşıca yuyun. Yarpaqları yığın və 1 düymlük zolaqlara çarpaz şəkildə kəsin.

2. Böyük bir qazanda bulyon, eskarol və yerkökü birləşdirin. Bir qaynağa gətirin və 30 dəqiqə bişirin.

3. Bu vaxt, küftələri hazırlayın: Küftə üçün bütün maddələri böyük bir qabda qarışdırın. Əllərinizlə (və ya kiçik bir çömçə dispenser) qarışığı kiçik üzüm ölçüsündə kiçik toplar şəklində düzəldin və boşqaba və ya nimçəyə qoyun.

4. Tərəvəzlər hazır olduqda, küftələri bir-bir şorbaya yumşaq bir şəkildə atın. Küftələr hazır olana qədər aşağı istilikdə təxminən 20 dəqiqə bişirin. Dadın və ədviyyatı tənzimləyin. Qızardılmış Pecorino Romano ilə səpərək isti xidmət edin.

"Evli" şorbası

Minestra Maritata

10-12 porsiya təşkil edir

Bir çox insanlar bu Neapolitan şorbasının adını toy ziyafətlərində verilməklə aldığını güman edirlər, lakin əslində "evli" əsas tərkib hissəsi olan müxtəlif ət və tərəvəzlərin ləzzətlərinin toyuna aiddir. Bu, çox köhnə bir reseptdir - bir vaxtlar insanların gündəlik olaraq yedikləri, tapa bildikləri ət və tərəvəz qırıntılarını əlavə etdikləri bir yeməkdir. Bu gün bir qədər köhnəlmiş hesab olunur, baxmayaraq ki, soyuq bir gündə daha doyurucu bir yemək təsəvvür edə bilmirəm.

Aşağıdakı tərəvəzlərin yerinə pazı, hindiba, kələm və ya kələm istifadə edilə bilər. Soppressata yerinə Genuya və ya digər İtalyan üslublu salami və ya prosciutto sümüyü üçün vetçina sümüyünü sınayın. Ən yaxşı ləzzət üçün şorbanı xidmətdən bir gün əvvəl hazırlayın.

1 funt ətli donuz qabırğaları (ölkə tipli donuz qabırğaları)

1 prosciutto sümüyü (isteğe bağlı)

2 orta kök, kəsilmiş

2 yarpaqlı kərəviz qabırğası

1 orta soğan

1 funt italyan tipli donuz əti kolbasa

1 qalın dilim idxal edilmiş İtalyan prosciutto (təxminən 4 unsiya)

1 4 unsiya soppressata parçası

Bir çimdik doğranmış qırmızı bibər

1 1/2 funt (1 kiçik baş) escarole, kəsilmiş

1 funt (1 orta dəstə) brokoli rabe, kəsilmiş

1 funt (kiçik başın təxminən yarısı) savoy kələm, zolaqlara kəsilmişdir

8 unsiya brokoli, çiçəklərə kəsilmiş (təxminən 2 fincan)

Təzə qızardılmış Parmigiano-Reggiano

1. Böyük bir qazanda 5 litr su qaynadək gətirin. Donuz qabırğalarını, istifadə edilərsə, prosciutto sümüyü, yerkökü, kərəviz və soğan əlavə edin. İstiliyi aşağı salın və orta istilikdə 30 dəqiqə bişirin.

2. Səthə çıxan köpüyü təmizləyin. Kolbasa, prosciutto, soppressata və doğranmış qırmızı bibər əlavə edin. Donuz qabırğaları yumşaq olana qədər bişirin, təxminən 2 saat.

3. Bu vaxt bütün tərəvəzləri yuyun və doğrayın. Böyük bir qazan suyu qaynadək gətirin. Yarım yaşıllıq əlavə edin. Bir qaynağa gətirin və 10 dəqiqə bişirin. Yivli qaşıqla göyərtiləri böyük bir qabın üzərinə qoyulmuş süzgəcə köçürün. Qalan göyərtiləri eyni şəkildə bişirin. Yaxşı süzün və sərinləyin. Soyuduqda göyərtiləri dilimlərə kəsin.

4. 2 saat bişirildikdən sonra ətləri və kolbasaları bulyondan çıxarın. Sümükləri atın və ətləri və kolbasaları dişləyəcək parçalara kəsin.

5. Bulyonu bir az sərinləyin. Bulyondan yağ çıxarın. Bulyonu incə gözlü süzgəcdən keçirərək böyük təmiz qazana süzün. Ətləri bulyona qaytarın. Yaşılları əlavə edin. Qaynadın və 30 dəqiqə bişirin.

6. Qızardılmış Parmigiano-Reggiano ilə səpərək isti xidmət edin.

Toskana balıq şorbası

Cacciucco

6 porsiya hazırlayır

Bu Toskana ixtisası üçün qazana nə qədər çox balıq çeşidi əlavə etsəniz, şorba bir o qədər dadlı olacaq.

¼ stəkan zeytun yağı

1 orta soğan

1 kərəviz qabırğası, doğranmışdır

1 yerkökü, doğranmış

1 diş sarımsaq, doğranmışdır

2 xörək qaşığı doğranmış təzə düz yarpaqlı cəfəri

Bir çimdik doğranmış qırmızı bibər

1 dəfnə yarpağı

1 canlı lobster (1-2 funt)

2 bütöv balıq (hər biri təxminən 1 1/2 funt), məsələn, porgi, soyulmuş bas, qırmızı balığı və ya dəniz bas, təmizlənmiş və parçalara kəsilmiş (başları çıxarın və ehtiyatda saxlayın)

1/2 stəkan quru ağ şərab

1 funt pomidor, soyulmuş, toxumlanmış və doğranmışdır

1 funt kalamar (kalamar), təmizlənmiş və 1 düymlük halqalara kəsilmişdir

İtalyan çörəyi dilimləri, qızardılmış

1. Böyük bir qazana yağı tökün. Soğan, kərəviz, yerkökü, sarımsaq, cəfəri, bibər və dəfnə yarpağı əlavə edin. Orta istilikdə, tez-tez qarışdıraraq, tərəvəzlər yumşaq və qızılı olana qədər təxminən 10 dəqiqə bişirin.

2. Xərçəngi boşluq yuxarı baxaraq kəsmə taxtasına qoyun. Pəncələri bağlı saxlayan bantları çıxarmayın. Əlinizi ağır bir dəsmal və ya qazan tutacağı ilə qoruyun və lobsteri quyruğun üstündə saxlayın. Ağır bir aşpaz bıçağının ucunu quyruğun sinə ilə birləşdiyi bədənə batırın. Quyruq ətini örtən nazik qabığı çıxarmaq üçün quş qayçılarından istifadə edin. Quyruqdakı qaranlıq damarı çıxarın, lakin əgər varsa, yaşıl tomalley və qırmızı mercan buraxın. Quyruğu bir kənara qoyun. Xərçəng gövdəsini və oynaqlardakı pəncələri 1-2 düymlük parçalara kəsin. Pəncələri sındırmaq üçün bıçağın küt tərəfi ilə vurun.

3. Omar sinə boşluğunu və qorunan balıq başlarını və bəzəklərini qazana əlavə edin. 10 dəqiqə bişirin. Şərabı əlavə edin və 2 dəqiqə qaynatın. Pomidor və 4 stəkan suyu qarışdırın. Bir qaynağa gətirin və 30 dəqiqə bişirin.

4. Yivli qaşıqla omar boşluğunu və balıq başlarını və dəfnə yarpağını qazandan çıxarın və atın. Qalan inqrediyentləri qida dəyirmanından böyük bir qaba keçirin.

5. Tencereyi yuyun və şorbaya tökün. Mayeni bir qaynadək gətirin. Kalamari kimi ən uzun bişirməyə ehtiyacı olan dəniz məhsulları əlavə edin. Demək olar ki, tendərə qədər bişirin, təxminən 20 dəqiqə. Xərçəng quyruğunu və pəncələrini və balıq parçalarını qarışdırın. Xərçəng və balıq içərisində qeyri-şəffaf olana qədər, təxminən 10 dəqiqə daha bişirin.

6. Hər şorba qabına qızardılmış çörək dilimləri qoyun. Çörəyin üzərinə şorba tökün və isti xidmət edin.

Kəskin balıq şorbası

Ciuppin

6 porsiya hazırlayır

Bu şorba üçün bir növ balıq və ya bir neçə növdən istifadə edə bilərsiniz. Daha sarımsaqlı dad üçün şorbanı qablara əlavə etməzdən əvvəl qızardılmış çörək dilimlərini çiy sarımsaq dişi ilə ovuşdurun. Genuyadan olan dənizçilər bu klassik şorbanı bir çoxunun məskunlaşdığı San-Fransiskoya təqdim etdilər. San-Fransiskanlılar öz versiyalarını cioppino adlandırırlar.

2 1/2 funt müxtəlif ağ ətli balıq filesi, məsələn, halibut, dəniz bas və ya mahi mahi

1/4 stəkan zeytun yağı

1 orta kök, incə doğranmışdır

1 tender kərəviz qabırğası, incə doğranmışdır

1 orta soğan, doğranmış

2 diş sarımsaq, incə doğranmışdır

1 stəkan quru ağ şərab

1 stəkan soyulmuş, toxumlanmış və doğranmış təzə pomidor və ya konservləşdirilmiş pomidor

Duz və təzə üyüdülmüş qara bibər

2 xörək qaşığı doğranmış təzə düz yarpaqlı cəfəri

6 dilim italyan və ya fransız çörəyi, qızardılmış

1. Balıq parçalarını yuyun və qurudun. Balıqları 2 düymlük parçalara kəsin, hər hansı bir sümük atın.

2. Böyük bir qazana yağı tökün. Yerkökü, kərəviz, soğan və sarımsağı əlavə edin. Tez-tez qarışdıraraq, orta istilikdə yumşaq və qızılı olana qədər təxminən 10 dəqiqə bişirin. Balıqları əlavə edin və parçaları vaxtaşırı qarışdıraraq 10 dəqiqə daha bişirin.

3. Şərabı tökün və bir qaynadək gətirin. Dadmaq üçün pomidor, duz və istiot əlavə edin. Üzərini örtmək üçün soyuq su əlavə edin. Bir qaynağa gətirin və 20 dəqiqə bişirin.

4. Cəfəri ilə qarışdırın. Hər şorba qabına bir dilim tost qoyun. Çörəyin üzərinə şorba tökün və isti xidmət edin.

Dəniz məhsulları, makaron və lobya şorbası

Pasta və Fagioli ai Frutti di Mare

4-6 porsiya təşkil edir

Makaron və lobya ilə dəniz məhsulları birləşdirən şorbalar İtaliyanın cənubunda məşhurdur. Bu, Romada məşhur dəniz məhsulları restoranı olan Alberto Ciarlada daddığım bir variantdır.

1 kilo kiçik midye

1 kilo kiçik istiridye

2 xörək qaşığı zeytun yağı

2 unsiya pancetta, incə doğranmışdır

1 orta soğan, incə doğranmışdır

2 diş sarımsaq, incə doğranmışdır

3 stəkan qurudulmuş bişmiş qurudulmuş və ya konservləşdirilmiş cannellini paxlası

1 stəkan doğranmış pomidor

½ funt kalamar (kalamar), 1 düymlük halqalara kəsin

Duz və təzə üyüdülmüş qara bibər

1 düymlük parçalara bölünmüş 8 unsiya spagetti

2 xörək qaşığı doğranmış təzə düz yarpaqlı cəfəri

Ekstra bakirə zeytun yağı

1. Midiyaları 30 dəqiqə örtmək üçün soyuq suya qoyun. Onları sərt bir fırça ilə ovuşdurun və hər hansı bir qabıq və ya dəniz yosunu çıxarın. Saqqalları qabıqların dar ucuna doğru çəkərək çıxarın. Qabıqları çatlamış və ya toxunduqda möhkəm bağlanmayan midyeləri atın. Midiyaları 1/2 stəkan soyuq su ilə böyük bir qazana qoyun. Tencereyi örtün və bir qaynadək gətirin. Midiya açılana qədər təxminən 5 dəqiqə bişirin. Yivli bir qaşıq ilə midyeləri bir qaba köçürün.

2. Göbələkləri qazana qoyun və qabı örtün. Göbələklər açılana qədər təxminən 5 dəqiqə bişirin. Göbələkləri qazandan çıxarın. Qazanda olan mayeni kağız kofe süzgəcindən keçirərək qaba süzün və ehtiyatda saxlayın.

3. Barmaqlarınızla midye və midye qabıqlarından çıxarın və onları bir qaba qoyun.

4. Böyük bir qazana yağı tökün. Pancetta, soğan və sarımsağı əlavə edin. Tez-tez qarışdıraraq, orta istilikdə, yumşaq və qızılı olana qədər təxminən 10 dəqiqə bişirin.

5. Fasulye, pomidor və kalamar əlavə edin. Qabıqlardan qorunan şirələri əlavə edin. Bir qaynağa gətirin və 20 dəqiqə bişirin.

6. Dəniz məhsulları ilə qarışdırın və hazır olana qədər təxminən 5 dəqiqə bişirin.

7. Bu vaxt böyük bir qazan suyu qaynadək gətirin. Dadmaq üçün makaron və duz əlavə edin. Tenderə qədər bişirin. Pastanı süzün və şorbaya əlavə edin. Şorba çox qalın görünürsə, bir az makaron maye əlavə edin.

8. Cəfəri ilə qarışdırın. İsti, sızma zeytun yağı ilə səpərək xidmət edin.

Pomidor Bulyonunda Midiya və Clams

Zuppa di Cozze

4 porsiya hazırlayır

İstəyirsinizsə, bunu bütün midye və ya bütün midye ilə edə bilərsiniz.

2 kilo midye

½ fincan zeytun yağı

4 diş sarımsaq, çox incə doğranmışdır

2 xörək qaşığı doğranmış təzə düz yarpaqlı cəfəri

Bir çimdik doğranmış qırmızı bibər.

1 stəkan quru ağ şərab

3 funt yetişmiş pomidor, qabığı soyulmuş, toxumlanmış və doğranmış və ya 2 (28-35 unsiya) qutu italyan soyulmuş pomidor, doğranmış

Duz

2 kilo kiçik istiridye

8 dilim italyan və ya fransız çörəyi, qızardılmış

1 bütöv sarımsaq

1. Midiyaları 30 dəqiqə örtmək üçün soyuq suya qoyun. Onları sərt bir fırça ilə ovuşdurun və hər hansı bir qabıq və ya dəniz yosunu çıxarın. Saqqalları qabıqların dar ucuna doğru çəkərək çıxarın. Qabıqları çatlamış və ya toxunduqda möhkəm bağlanmayan midyeləri atın.

2. Böyük bir qazanda yağı orta istilikdə qızdırın. Doğranmış sarımsaq, cəfəri və əzilmiş qırmızı bibər əlavə edin və sarımsaq qızılı rəng alana qədər təxminən 2 dəqiqə aşağı istilikdə bişirin. Şərabı qarışdırın və bir qaynağa gətirin. Pomidor və bir çimdik duz əlavə edin. Orta istilikdə, arabir qarışdıraraq, bir az qalınlaşana qədər təxminən 20 dəqiqə bişirin.

3. Midiya və istiridyeləri yumşaq bir şəkildə qarışdırın. Qazanı örtün. Midiya və midye açılana qədər 5-10 dəqiqə bişirin. Açmayanları atın.

4. Tostları kəsilmiş sarımsaq dişləri ilə ovuşdurun. Hər şorba qabına bir parça çörək qoyun. Üzərinə midye və istiridye və onların mayeləri ilə doldurun. İsti xidmət edin.

digər qidalarla istifadə üçün.

Pomidor sousları

Marinara sousu

Salsa Marinara

2 1/2 fincan edir

Sarımsaq bu cənub italyan üslubunda tez bişirilən sousa xarakterik ləzzət verir. Neapolitanlar mixəkləri böyük bıçağın tərəfi ilə yüngülcə əzirlər. Bu, dərinin çıxarılmasını asanlaşdırır və ləzzətini buraxmaq üçün mixəkləri açır. Xidmət vermədən əvvəl bütün sarımsaq dişlərini çıxarın.

Ən təzə ləzzət üçün bişirmə vaxtının sonunda reyhan əlavə edirəm. Qurudulmuş reyhan təzə üçün zəif bir əvəzdir, ancaq təzə cəfəri və ya nanə ilə əvəz edə bilərsiniz. Bu sous spagetti və ya digər qurudulmuş makaronlar üçün idealdır.

1/4 stəkan zeytun yağı

2 böyük sarımsaq, əzilmiş

Bir çimdik doğranmış qırmızı bibər

3 funt təzə gavalı pomidoru, qabığı soyulmuş, toxumu soyulmuş və doğranmış və ya 1 (28 unsiya) şirəsi ilə idxal edilmiş italyan qabığı soyulmuş pomidor, qida dəyirmanından keçirilmişdir.

Dadmaq üçün duz

4 təzə fesleğen yarpağı, parçalara bölündü

1. Orta ölçülü bir qazana yağı tökün. Sarımsaq və qırmızı bibər əlavə edin. Orta istilikdə bişirin, sarımsağı bir və ya iki dəfə qızılı olana qədər çevirin, təxminən 5 dəqiqə. Sarımsağı tavadan çıxarın.

2. Dadmaq üçün pomidor və duz əlavə edin. Bəzən qarışdıraraq və ya sousu qalınlaşana qədər 20 dəqiqə bişirin.

3. Yanğını söndürün və reyhan əlavə edin. İsti xidmət edin. Qabaqcadan hazırlana və sıx bağlanmış qabda soyuducuda 5 günə qədər və ya dondurucuda 2 aya qədər saxlanıla bilər.

Təzə pomidor sousu

Salsa Leggero

3 stəkan hazırlayır

Bu sous qeyri-adidir, çünki zeytun yağı və ya yağda bişmiş adi soğan və ya sarımsaqdan başlamır. Bunun əvəzinə, aromatiklər pomidorla birlikdə qaynadılır ki, sous zərif bir tərəvəz ləzzətinə malikdir. Hər hansı təzə makaronla və ya frittata və ya digər omlet üçün sous kimi xidmət edin.

4 funt yetişmiş gavalı pomidoru, qabığı soyulmuş, toxumlanmış və doğranmışdır

1 orta kök, doğranmış

1 orta soğan, doğranmış

1 kiçik kərəviz qabırğası, doğranmışdır

Dadmaq üçün duz

6 təzə fesləğən yarpağı, kiçik parçalara kəsilmişdir

¼ stəkan bakirə zeytun yağı

1. Böyük, ağır bir qazanda pomidor, yerkökü, soğan, kərəviz, bir çimdik duz və reyhan birləşdirin. Tencerenin qapağını bağlayın və qarışığı qaynayana qədər orta istilikdə bişirin. Ara-sıra qarışdıraraq, 20 dəqiqə və ya sous qalınlaşana qədər örtün və bişirin.

2. Bir az sərinləyin. Sousu qida dəyirmanından keçirin və ya yemək prosessorunda və ya qarışdırıcıda püre halına salın. Yavaşca qızdırın və ədviyyat üçün dadın. Yağı qarışdırın. İsti xidmət edin. Qabaqcadan hazırlana və sıx bağlanmış qabda soyuducuda 5 günə qədər və ya dondurucuda 2 aya qədər saxlanıla bilər.

Pomidor sousu, Siciliya üslubu

Salsa di Pomodoro alla Sicilian

Təxminən 3 stəkan hazırlayır

Ailəsinin Siciliyadakı Regaleali şərab mülkündə aşpazlıq məktəbi olan Anna Tasca Lanzanın pomidor sousunu bu şəkildə hazırlamasına baxdım. Hər şey qazana daxil olur, sonra kifayət qədər uzun müddət qaynadıqdan sonra pomidor toxumlarını aradan qaldırmaq üçün sous qida dəyirmanında püre halına gətirilir. Pişirmə müddətinin sonunda əlavə edilən kərə yağı və zeytun yağı sousu zənginləşdirir və şirinləşdirir. Kartof gnocchi və ya təzə fettuccine ilə xidmət edin.

3 kilo yetişmiş pomidor

1 orta boy soğan, incə doğranmışdır

1 diş sarımsaq, incə doğranmışdır

2 xörək qaşığı doğranmış təzə reyhan

Bir çimdik doğranmış qırmızı bibər

1/4 stəkan zeytun yağı

1 xörək qaşığı duzsuz kərə yağı

1. Pomidorları püre halına salmaq üçün qida dəyirmanından istifadə edirsinizsə, onları uzununa dörddə birinə kəsin və 2-ci addıma keçin. Qida prosessoru və ya qarışdırıcıdan istifadə edirsinizsə, ilk növbədə pomidorların qabığını soyun: Orta boy qazanda su qaynadın. Pomidorları bir neçə dəfə əlavə edin və 1 dəqiqə bişirin. Yivli bir qaşıq ilə onları çıxarın və sərin su ilə bir qaba qoyun. Qalan pomidorlarla təkrarlayın. Pomidorları soyun, sonra nüvəni kəsin və toxumları çıxarın.

2. Böyük bir qazanda pomidor, soğan, sarımsaq, reyhan və doğranmış qırmızı bibəri birləşdirin. Üzərini örtün və bir qaynadək gətirin. 20 dəqiqə aşağı istilikdə və ya soğan yumşaq olana qədər bişirin. Bir az sərinləyin.

3. Qarışığı qida dəyirmanından keçirin, istifadə edirsinizsə, qarışdırıcıda və ya yemək prosessorunda püre halına salın. Püresi qazana qaytarın. Dadmaq üçün reyhan, qırmızı bibər və duz əlavə edin.

4. Xidmət verməzdən əvvəl sousu yenidən qızdırın. Ocaqdan götürün və zeytun yağı və kərə yağı əlavə edin. İsti xidmət edin. Qabaqcadan hazırlana və sıx bağlanmış qabda soyuducuda 5 günə qədər və ya dondurucuda 2 aya qədər saxlanıla bilər.

Pomidor sousu, Toskana üslubu

Salsa di Pomodoro alla Toscana

3 stəkan hazırlayır

Soffritto doğranmış ətirli tərəvəzlərin, adətən soğan, yerkökü və kərəvizin qarışığıdır, yağda və ya yağda yumşaq və yüngül qızılı rəngə qədər bişirilir. Bu, bir çox souslar, şorbalar və braises üçün ətirli əsasdır və italyan mətbəxində vacib bir texnikadır. Bir çox italyan aşpazları bütün soffritto inqrediyentlərini birlikdə soyuq tavaya qoyur, sonra istini yandırır. Beləliklə, bütün inqrediyentlər yumşaq bir şəkildə bişirilir və heç bir şey çox qəhvəyi və ya çox bişmir. Əvvəlcə yağı qızdırmaq, sonra doğranmış inqrediyentləri əlavə etmək kimi alternativ üsulla yağın həddindən artıq qızması təhlükəsi var. Tərəvəzlər qəhvəyi ola bilər və həddindən artıq bişmiş və acı ola bilər. Bu Toskana tərzi pomidor sousu adi tərəvəzlərdən və zeytun yağı ilə bişmiş sarımsaqdan hazırlanmış soffritto ilə başlayır.

4 xörək qaşığı zeytun yağı

1 orta soğan, incə doğranmışdır

1/2 stəkan doğranmış yerkökü

1/4 fincan doğranmış kərəviz

1 kiçik diş sarımsaq, doğranmış

3 funt təzə yetişmiş gavalı pomidoru, qabığı soyulmuş, toxumu soyulmuş və xırda doğranmış və ya 1 (28 unsiya) şirəsi ilə idxal edilmiş italyan soyulmuş pomidor, qida dəyirmanından keçirilir

½ stəkan toyuq suyu

Bir çimdik doğranmış qırmızı bibər

Duz

2 və ya 3 reyhan yarpağı, cırıq

1. Orta ölçülü bir qazana yağı tökün. Soğan, yerkökü, kərəviz və sarımsağı əlavə edin. Tərəvəzlər yumşaq və qızılı olana qədər, təxminən 15 dəqiqə qarışdıraraq, orta istilikdə bişirin.

2. Dadmaq üçün pomidor, bulyon, qırmızı bibər və duz əlavə edin. Bir qaynağa gətirin. Tencereyi qismən örtün və az odda, arabir qarışdıraraq qalınlaşana qədər təxminən 30 dəqiqə bişirin.

3. Fesləğənlə qarışdırın. İsti xidmət edin. Qabaqcadan hazırlana və sıx bağlanmış qabda soyuducuda 5 günə qədər və ya dondurucuda 2 aya qədər saxlanıla bilər.

Pizzaiola sousu

Salsa Pizzaiola

Təxminən 2 1/2 fincan edir

Neapolitanlar bu dadlı sousdan kiçik biftek və ya pirzola bişirmək üçün istifadə edirlər (bax<u>ət</u>) və ya spagetti üzərində xidmət edirlər. Odunla qızdırılan Neapolitan pizza sobalarının həddindən artıq istiliyi artıq bişmiş sousu çox bişirdiyi üçün adətən pizzada istifadə edilmir. Adını pomidor, sarımsaq və oreganodan alır - bir pizzaçının adətən pizzada istifadə etdiyi eyni maddələr.

Sarımsağı çox incə olana qədər doğrayın ki, sousda böyük parçalar olmasın.

2 böyük sarımsaq, çox incə doğranmışdır

1/4 stəkan zeytun yağı

Bir çimdik doğranmış qırmızı bibər

1 (28 unsiya) italyan qabığı soyulmuş pomidorları şirəsi ilə doğranmışdır

1 çay qaşığı qurudulmuş oregano, xırdalanmış

Duz

1. Böyük bir tavada, sarımsağı yağda orta istilikdə qızılı rəngə qədər təxminən 2 dəqiqə bişirin. Əzilmiş qırmızı bibəri qarışdırın.

2. Dadmaq üçün pomidor, oregano və duz əlavə edin. Sousu bir qaynadək gətirin. Bəzən qarışdıraraq 20 dəqiqə və ya sous qalınlaşana qədər bişirin. İsti xidmət edin. Qabaqcadan hazırlana və sıx bağlanmış qabda soyuducuda 5 günə qədər və ya dondurucuda 2 aya qədər saxlanıla bilər.

"Saxta" ət sousu

Suqo Finto

Təxminən 6 fincan edir

Suqo finto "saxta sous" deməkdir, belə dadlı, faydalı sous üçün qəribə bir addır və dostum Lars Leichtin dediyinə görə, mərkəzi İtaliyada tez-tez istifadə olunur. Bu resept Romadan kənarda yaşayan xalasından gəlir. O qədər ləzzətlə doludur ki, içində bir az ət olduğunu düşünüb aldana bilərsiniz. Bu sous, sadə pomidor sousundan daha mürəkkəb bir şey istədiyiniz, lakin ət əlavə etmək istəmədiyiniz zamanlar üçün mükəmməldir. Bu resept çox şey edir, amma istəsəniz asanlıqla yarıya endirilə bilər.

¼ stəkan zeytun yağı

1 orta ölçülü sarı soğan, incə doğranmışdır

2 kiçik yerkökü, soyulmuş və incə doğranmışdır

2 diş sarımsaq, incə doğranmışdır

4 təzə reyhan yarpağı, doğranmışdır

1 kiçik qurudulmuş çili bibəri, əzilmiş və ya bir çimdik doğranmış qırmızı bibər

1 stəkan quru ağ şərab

2 qutu (hər biri 28 ilə 35 unsiya arasında) şirəsi ilə idxal edilmiş italyan soyulmuş pomidor və ya 6 funt təzə gavalı pomidoru, qabığı soyulmuş, toxumlanmış və doğranmış

1. Böyük bir qazanda yağ, soğan, yerkökü, sarımsaq, reyhan və çili birləşdirin. Tərəvəzlər yumşaq və qızılı olana qədər, təxminən 10 dəqiqə qarışdıraraq, orta istilikdə bişirin.

2. Şərabı əlavə edin və bir qaynadək gətirin. 1 dəqiqə bişirin.

3. Pomidorları yemək dəyirmanından keçərək qazana keçirin və ya blenderdə və ya yemək prosessorunda püre halına salın. Bir qaynağa gətirin və istiliyi minimuma çevirin. Dadmaq üçün duz edin. Bəzən qarışdıraraq 30 dəqiqə və ya sous qalınlaşana qədər bişirin. İsti xidmət edin. Qabaqcadan hazırlana və sıx bağlanmış qabda soyuducuda 5 günə qədər və ya dondurucuda 2 aya qədər saxlanıla bilər.

Çəhrayı sous

Salsa di Pomodoro alla Panna

Təxminən 3 stəkan hazırlayır

Ağır krem bu gözəl çəhrayı sousu hamarlayır. Ravioli və ya yaşıl gnocchi ilə xidmət edin.

1/4 stəkan duzsuz kərə yağı

1/4 stəkan doğranmış təzə soğan

3 funt təzə pomidor, soyulmuş, toxumu soyulmuş və doğranmış və ya 1 (28 unsiya) şirəsi ilə idxal edilmiş italyan soyulmuş pomidor

Duz və təzə üyüdülmüş qara bibər

1/2 stəkan ağır krem

1. Böyük bir qazanda kərə yağı orta-aşağı odda əridin. Soğanları əlavə edin və qızılı rəngə qədər təxminən 3 dəqiqə bişirin. Pomidor və duz və istiot əlavə edin və sous qaynayana qədər qarışdıraraq bişirin. Konservləşdirilmiş pomidorlardan istifadə edirsinizsə, onları qaşıqla doğrayın. Sousu bir az qatılaşana qədər, hərdən qarışdıraraq, təxminən 20 dəqiqə bişirin. Bir az sərinləyin.

2. Pomidor qarışığını qida dəyirmanından keçirin. Sousu qazana qaytarın və orta istilikdə qızdırın. Krem əlavə edin və 1 dəqiqə və ya bir az qalınlaşana qədər bişirin. İsti xidmət edin.

Soğan ilə pomidor sousu

Salsa di Pomodoro con Cipolla

2 1/2 fincan edir

Soğandakı təbii şəkər bu sousda yağın şirinliyini tamamlayır. Bu sous da soğan yerinə şalot ilə hazırlanır.

3 xörək qaşığı duzsuz kərə yağı

1 xörək qaşığı zeytun yağı

1 kiçik soğan, çox incə doğranmışdır

3 funt gavalı pomidoru, qabığı soyulmuş, toxumu soyulmuş və doğranmış və ya 1 (28 unsiya) şirəsi ilə idxal edilmiş italyan soyulmuş pomidor, qida dəyirmanından keçir

Dadmaq üçün duz və təzə üyüdülmüş qara bibər

1. Orta, ağır bir qazanda, kərə yağı ilə orta istilikdə əridin. Soğanı əlavə edin və soğan yumşaq və qızılı olana qədər bir və ya iki dəfə qarışdıraraq təxminən 7 dəqiqə bişirin.

2. Pomidor və duz və istiot əlavə edin. Sousu bir qaynadək gətirin və 20 dəqiqə və ya qalınlaşana qədər bişirin.

Qovrulmuş Pomidor Sousu

Salsa di Pomodoro Arrostito

1 kilo makaron üçün kifayətdir

Hətta mükəmməl olmayan təzə pomidorları belə bişirmək olar. Yalnız bir növ pomidor və ya bir neçə növdən istifadə edə bilərsiniz. Qırmızı və sarı pomidorların birləşməsi xüsusilə gözəldir. Fesleğen və ya cəfəri göyərti üçün açıq seçimdir, lakin siz həmçinin şorba, rozmarin, nanə və ya əlinizdə olan hər hansı bir qarışıqdan istifadə edə bilərsiniz.

Mən qovurmağı vaxtından əvvəl etməyi, sonra otaq temperaturu sousunu penne və ya fusilli kimi isti makaronla atmağı xoşlayıram. Dostum Suzie O'Rourke mənə deyir ki, onun ən çox sevdiyi yemək yeməyi qızardılmış italyan çörəyinin dilimləri üzərinə sürtülmüş qəlyanaltıdır.

21/2 funt dəyirmi, gavalı, albalı və ya üzüm pomidorları

4 diş sarımsaq, çox incə doğranmışdır

Duz

Bir çimdik doğranmış qırmızı bibər

½ stəkan zeytun yağı

½ fincan doğranmış təzə reyhan, cəfəri və ya digər otlar

1. Fırının ortasına bir rəf qoyun. Fırını 400° F-ə qədər qızdırın. 13 × 9 × 2 düymlük reaktiv olmayan çörək qabını yağlayın.

2. Dairəvi və ya gavalı pomidorlarını 1/2 düymlük parçalara doğrayın. Albalı və ya üzüm pomidorlarını yarıya və ya dörddə birinə kəsin.

3. Pomidorları tavaya yayın. Sarımsaq, duz və doğranmış qırmızı bibər səpin. Üzərinə yağ tökün və yumşaq qarışdırın.

4. 30-45 dəqiqə və ya pomidorlar yüngülcə qızarana qədər qovurun. Pomidorları sobadan çıxarın və göyərti ilə qarışdırın. İsti və ya otaq temperaturunda xidmət edin.

Abruzzo-Stil Ragù

Ragù Abruzzese

Təxminən 7 fincan edir

Bu cır-cındır üçün tərəvəzlər bütöv qalır, ətlərin bir hissəsi isə sümük üzərində bişirilir. Pişirmə müddətinin sonunda tərəvəzlər və boş sümüklər çıxarılır. Ətlər adətən sousdan çıxarılır və ikinci yemək kimi verilir. Bu sousu rigatoni kimi qalın makaron formaları ilə xidmət edin.

3 xörək qaşığı zeytun yağı

2 düymlük parçalara kəsilmiş bəzi sümüklərlə 1 funt donuz çiyni

2 düymlük parçalara kəsilmiş sümükləri olan 1 funt quzu boyun və ya çiyin

1 funt sümüksüz dana güveç əti, 1 düymlük parçalara kəsilir

½ stəkan quru qırmızı şərab

2 xörək qaşığı tomat pastası

4 funt təzə pomidor, qabığı soyulmuş, toxumu soyulmuş və doğranmış və ya 2 (28 unsiya) şirəsi ilə idxal edilmiş italyan qabığı soyulmuş pomidor, qida dəyirmanından keçirilmişdir.

2 stəkan su

Duz və təzə üyüdülmüş qara bibər

1 orta soğan

1 qabırğa kərəviz

1 orta kök

1. Böyük bir ağır qazanda yağı orta istilikdə qızdırın. Ətləri əlavə edin və hərdən qarışdıraraq yüngülcə qızarana qədər bişirin.

2. Şərabı əlavə edin və mayenin çoxu buxarlanana qədər bişirin. Tomat pastası ilə qarışdırın. Dadmaq üçün pomidor, su və duz və istiot əlavə edin.

3. Tərəvəzləri əlavə edin və bir qaynadək gətirin. Tencereyi örtün və hərdən qarışdıraraq ət çox yumşaq olana qədər təxminən 3 saat bişirin. Əgər sous nazik görünürsə, üstünü açın və bir az azalana qədər bişirin.

4. Sərin buraxın. Hər hansı boş sümükləri və tərəvəzləri çıxarın.

5. Xidmət vermədən əvvəl yenidən qızdırın və ya örtün və soyuducuda 3 günə qədər və ya dondurucuda 3 aya qədər saxlayın.

Neapolitan Ragù

Ragù alla Napolitana

Təxminən 8 fincan edir

Müxtəlif mal əti və donuz ətindən hazırlanan bu doyurucu ragù, bir çox italyan-amerikalıların bazar günü günorta yeməyi və ya şam yeməyi üçün hazırlanan "sous" adlandırdıqları şeydir. Qabıq və ya riqatoni kimi əhəmiyyətli makaron formaları ilə atmaq və bişmiş makaron yeməklərində istifadə etmək üçün idealdır, məsələn<u>Neapolitan Lazanya</u>.

Küftə bişirmə vaxtının sonuna yaxın sousa əlavə edilir, beləliklə, sous qaynayarkən onları hazırlaya bilərsiniz.

2 xörək qaşığı zeytun yağı

1 kilo ətli donuz boyun sümükləri və ya ehtiyat qabırğalar

1 kiloluq mal əti bir parça

1 funt italyan üslubunda düz və ya şüyüdlü donuz əti kolbasaları

4 diş sarımsaq, yüngülcə əzilmiş

1/4 stəkan tomat pastası

3 (28-dən 35-unsiyaya qədər) idxal edilmiş italyan soyulmuş pomidorları

Dadmaq üçün duz və təzə üyüdülmüş qara bibər

6 təzə fesləğen yarpağı, kiçik parçalara kəsilmişdir

1 reseptNeapolitan küftələri, daha böyük ölçü

2 stəkan su

1. Böyük bir ağır qazanda yağı orta istilikdə qızdırın. Donuz ətini qurutun və parçaları qazana qoyun. Bəzən çevirərək, təxminən 15 dəqiqə və ya hər tərəfdən gözəl qızarana qədər bişirin. Donuz ətini bir boşqaba çıxarın. Mal əti də eyni şəkildə qızardın və qazandan çıxarın.

2. Sosisləri qazana qoyun və hər tərəfdən qızardın. Kolbasaları digər ətlərlə bir kənara qoyun.

3. Yağın çox hissəsini çıxarın. Sarımsağı əlavə edin və 2 dəqiqə və ya qızılı qədər bişirin. Sarımsağı atın. Tomat pastası ilə qarışdırın; 1 dəqiqə bişirin.

4. Qida dəyirmanı ilə pomidorları və onların suyunu qazana püre halına salın. Və ya daha zərif bir sous üçün sadəcə pomidorları doğrayın. 2 stəkan su və duz və istiot əlavə edin. Donuz əti, mal əti, kolbasa və reyhan əlavə edin. Sousu bir qaynadək gətirin.

Tencereyi qismən örtün və 2 saat vaxtaşırı qarışdıraraq aşağı istilikdə bişirin. Əgər sous çox qalınlaşarsa, bir az daha su əlavə edin.

5. Bu vaxt küftələri hazırlayın. Sos demək olar ki, hazır olduqda, küftələri sousa əlavə edin. 30 dəqiqə və ya sous qalınlaşana və ətlər çox yumşaq olana qədər bişirin. Ətləri sousdan çıxarın və ikinci yemək və ya ayrı yemək kimi xidmət edin. Sousu isti xidmət edin. Bağlayın və soyuducuda 3 günə qədər və ya dondurucuda 2 aya qədər hava keçirməyən qabda saxlayın.

Kolbasa Ragù

Ragù di Salsiccia

4 1/2 fincan edir

İtaliyanın cənubundakı bu sousu italyan tipli donuz əti kolbasa ətinin kiçik parçaları. Əgər onu ədviyyatlı sevirsinizsə, isti kolbasalardan istifadə edin. Bu sousu üzərinə xidmət edin<u>Kartof Tortelli</u>və ya qabıq və ya riqatoni kimi qalın makaron.

1 funt adi italyan donuz əti kolbasaları

2 xörək qaşığı zeytun yağı

2 diş sarımsaq, incə doğranmışdır

1/2 stəkan quru ağ şərab

3 funt təzə gavalı pomidoru, qabığı soyulmuş, toxumu soyulmuş və doğranmış və ya 1 (28 unsiya) şirəsi ilə idxal edilmiş italyan qabığı soyulmuş pomidor, qida dəyirmanından keçirilmişdir.

Duz və təzə üyüdülmüş qara bibər

3-4 təzə fesləğən yarpağı, parçalara bölünür

1. Kolbasa qabığından çıxarın. Əti incə doğrayın.

2. Böyük bir qazanda yağı orta istilikdə qızdırın. Kolbasa ətini və sarımsağı əlavə edin. Donuz əti yüngülcə qızarana qədər tez-tez qarışdıraraq təxminən 10 dəqiqə bişirin. Şərabı əlavə edin və bir qaynadək gətirin. Şərabın çoxu buxarlanana qədər bişirin.

3. Dadmaq üçün pomidor və duz əlavə edin. Bir qaynağa gətirin. İstiliyi minimuma endirin. Hərdən qarışdıraraq, sousu qalınlaşana qədər təxminən 1 saat 30 dəqiqə bişirin. Xidmət vermədən dərhal əvvəl reyhan əlavə edin. İsti xidmət edin. Qabaqcadan hazırlana və sıx bağlanmış qabda soyuducuda 3 günə qədər və ya dondurucuda 2 aya qədər saxlanıla bilər.

Marches-Style Ragù

Ragù di Carne alla Marchigiana

Təxminən 5 stəkan edir

Mərkəzi İtaliyanın Yürüşlərindəki Campofilone qəsəbəsi hər yerdən ziyarətçiləri cəlb edən illik makaron festivalına ev sahibliyi edir. Bayramın əsas məqamı bu ləzzətli ət sousu ilə süfrəyə verilən maccheroncini, əllə yuvarlanan yumurta makaronudur. Otlar və bir çimdik mixək qarışığı bu cır-cındıra xüsusi dad verir. Pişirmə vaxtının sonunda bir az süd əlavə edilsə, hamar bir görünüş verir. Əgər bu sousu vaxtından əvvəl hazırlayırsınızsa, süfrəyə verməzdən əvvəl südü əlavə edin. Fetuccine ilə xidmət edin.

1 stəkan evdə hazırlanmışƏt Bulyonuvə ya mağazada alınmış mal əti suyu

¼ stəkan zeytun yağı

1 kiçik soğan, incə doğranmışdır

1 kərəviz qabırğası, doğranmışdır

1 yerkökü, doğranmış

1 xörək qaşığı doğranmış təzə düz yarpaq cəfəri

2 çay qaşığı doğranmış təzə rozmarin

1 çay qaşığı doğranmış təzə kəklikotu

1 dəfnə yarpağı

1 funt sümüksüz mal əti, 2 düymlük parçalara kəsilmiş

1 (28 unsiya) italyan qabığı soyulmuş, qurudulmuş və qida dəyirmanından keçirilmiş pomidor konservləri

Bir çimdik üyüdülmüş mixək

Duz və təzə üyüdülmüş qara bibər

½ stəkan süd

1. Lazım gələrsə, bulyonu hazırlayın. Böyük bir qazana yağı tökün. Tərəvəzləri və göyərti əlavə edin və orta istilikdə, bəzən qarışdıraraq, 15 dəqiqə və ya tərəvəzlər yumşaq və qızılı olana qədər bişirin.

2. Mal əti əlavə edin və ət qızarana qədər tez-tez qarışdıraraq bişirin. Duz və istiot səpin. Pomidor püresi, bulyon və mixək əlavə edin. Bir qaynağa gətirin. Tencereyi qismən örtün və hərdən qarışdıraraq, ət yumşaq olana və sous qalınlaşana qədər təxminən 2 saat bişirin.

3. Əti çıxarın, süzün və incə doğrayın. Doğranmış əti yenidən sousa qarışdırın.

4. Süd əlavə edin və xidmətdən 5 dəqiqə əvvəl qızdırın. İsti xidmət edin. Əvvəlcədən hazırlana və hava keçirməyən qabda soyuducuda 3 günə qədər və ya dondurucuda 2 aya qədər saxlanıla bilər.

Toskana ət sousu

Ragù alla Toscana

8 stəkan edir

Ədviyyatlar və limon qabığı bu mal və donuz ətinə şirin bir dad verir. İlə xidmət edin pici.

4 xörək qaşığı duzsuz kərə yağı

¼ stəkan zeytun yağı

4 unsiya idxal edilmiş İtalyan prosciutto, doğranmışdır

2 orta kök

2 orta qırmızı soğan

1 böyük kərəviz qabırğası, doğranmışdır

¼ fincan doğranmış təzə düz yarpaqlı cəfəri

1 funt sümüksüz mal əti, 2 düymlük parçalara kəsilmiş

8 unsiya İtalyan şirin kolbasa və ya üyüdülmüş donuz əti

2 funt təzə pomidor və ya 1 (28 unsiya) idxal edilmiş italyan soyulmuş pomidor, doğranmış

2 stəkan evdə hazırlanmış Ət Bulyonu və ya mağazada alınmış mal əti suyu

½ stəkan quru qırmızı şərab

½ çay qaşığı rəndələnmiş limon qabığı

Bir çimdik darçın

Bir çimdik muskat

Dadmaq üçün duz və təzə üyüdülmüş qara bibər

1. Böyük bir qazanda kərə yağı zeytun yağı ilə orta istilikdə əridin. Prosciutto və doğranmış tərəvəzləri əlavə edin və tez-tez qarışdıraraq 15 dəqiqə bişirin.

2. Ətləri qarışdırın və tez-tez qarışdıraraq, qızarana qədər təxminən 20 dəqiqə bişirin.

3. Zövqə görə pomidor, bulyon, şərab, limon qabığı, darçın, muskat qozu və duz və istiot əlavə edin. Qarışığı bir qaynadək gətirin. Hərdən qarışdıraraq, sousu qalınlaşana qədər təxminən 2 saat bişirin.

4. Mal əti parçalarını qazandan çıxarın. Onları bir kəsmə taxtasına qoyun və kiçik parçalara kəsin. Doğranmış əti sousa qarışdırın. İsti xidmət edin. Əvvəlcədən hazırlana və hava keçirməyən qabda soyuducuda 3 günə qədər və ya dondurucuda 2 aya qədər saxlanıla bilər.

Bolonya-Stil Ragù

Ragu Bolognese

Təxminən 5 stəkan edir

Bolonyanın ən yaxşı yemək və yemək dükanı Tamburini-də bir çox növ təzə yumurtalı makaron ala bilərsiniz. Ən məşhurları tortellini, mortadella ilə doldurulmuş nikel ölçülü makaron üzükləri, incə ədviyyatlı donuz əti kolbasasıdır. Tortellini ya brodo, "bulyon", alla panna, ağır qaymaqlı sousda, ya da ən yaxşısı, al ragù, zəngin ət sousu ilə verilir. Soffrittonun uzun, yavaş-yavaş bişirilməsi - aromatik tərəvəzlər və pansetta - Bolonya üslubunda ragù-ya dərin, zəngin bir dad verir.

2 stəkan evdə hazırlanmışƏt Bulyonuvə ya mağazada alınmış mal əti suyu

2 xörək qaşığı duzsuz kərə yağı

2 xörək qaşığı zeytun yağı

2 unsiya pancetta, incə doğranmışdır

2 kiçik yerkökü, soyulmuş və incə doğranmışdır

1 soğan, incə doğranmışdır

1 tender kərəviz qabırğası, incə doğranmışdır

8 unsiya üyüdülmüş dana əti

8 unsiya üyüdülmüş donuz əti

8 unsiya qiymə mal əti

½ stəkan quru qırmızı şərab

3 xörək qaşığı tomat pastası

¼ çay qaşığı rəndələnmiş muskat qozu

Duz və təzə üyüdülmüş qara bibər

1 stəkan süd

1. Lazım gələrsə, bulyonu hazırlayın. Böyük bir qazanda kərə yağı orta-aşağı odda yağla əridin. Pancetta, yerkökü, soğan və kərəviz əlavə edin. Bütün ləzzətlər çox yumşaq və zəngin qızılı rəng alana qədər qarışığı aşağı istilikdə bişirin, təxminən 30 dəqiqə. Tərkiblər çox qəhvəyi olmağa başlayırsa, bir az isti su ilə qarışdırın.

2. Ətləri əlavə edib yaxşıca qarışdırın. Kütlələri parçalamaq üçün tez-tez qarışdıraraq, ətlər çəhrayı rəngini itirənə qədər bişirin, lakin qızardmayın, təxminən 15 dəqiqə.

3. Şərabı əlavə edin və maye buxarlanana qədər təxminən 2 dəqiqə qaynatın. Tomat pastası, bulyon, muskat qozunu qarışdırın, dadmaq üçün duz və istiot əlavə edin. Qarışığı bir qaynadək gətirin. Sousu qalınlaşana qədər, təxminən 2 1/2 ilə 3 saat arasında qarışdıraraq, aşağı istilikdə bişirin. Əgər sous çox qalınlaşarsa, bir az daha bulyon və ya su əlavə edin.

4. Südü tökün və 15 dəqiqə daha bişirin. İsti xidmət edin. Əvvəlcədən hazırlana və hava keçirməyən qabda soyuducuda 3 günə qədər və ya dondurucuda 2 aya qədər saxlanıla bilər.

Duck Ragù

Ragù di Anatra

Təxminən 5 stəkan edir

Vəhşi ördəklər Venetonun laqonlarında və bataqlıqlarında inkişaf edir və yerli aşpazlar onlarla gözəl yeməklər hazırlayırlar. Onlar qovrulur, qızardılır və ya bu cür ragù içində hazırlanır. Zəngin, gamy sousu bigoli, torchio ilə hazırlanmış qalın tam buğda spagetti, əl ilə hazırlanmış makaron presi ilə yeyilir. Təzə əhliləşdirilmiş ördəklər vəhşi çeşid qədər dadlı olmasa da, yaxşı əvəzedicidir. İkinci xörək kimi sousu fettuccine və ördək parçaları ilə verirəm.

Qəssabdan ördəyi sizin üçün dörddəbir kəssin və ya quş qayçı və ya böyük bir aşpaz bıçağı ilə özünüz edin. İstifadə etməmək istəsəniz, qaraciyəri buraxın.

1 ördək balası (təxminən 51/2 funt)

2 xörək qaşığı zeytun yağı

Duz və təzə üyüdülmüş qara bibər, dadmaq üçün

2 unsiya pancetta, doğranmışdır

2 orta soğan, doğranmış

2 orta kök, doğranmış

2 kərəviz qabırğası, doğranmışdır

6 təzə adaçayı yarpağı

Bir çimdik təzə rəndələnmiş muskat qozu

1 stəkan quru ağ şərab

21/2 fincan soyulmuş, toxumlanmış və doğranmış təzə pomidor

1. Ördəyi içəridən və xaricdən yuyun və boşluqdan yağ çıxarın. Quş qayçılarından istifadə edərək, ördəyi 8 hissəyə kəsin. Əvvəlcə ördəyi onurğa boyunca kəsin. Ördəyi kitab kimi açın. Ağır bıçaqla ördəyi döşün iki tərəfi arasında uzununa yarıya bölün. Budu döşdən kəsin. Ayağı və budu oynaqda ayırın. Oynaqda qanad və döşü ayırın. Qaraciyərdən istifadə edirsinizsə, onu zarlara kəsin və kənara qoyun.

2. Böyük bir ağır qazanda yağı orta istilikdə qızdırın. Ördək parçalarını kağız dəsmallarla qurutun. Ördək parçalarını əlavə edin və hər tərəfdən qızarana qədər hərdən qarışdıraraq bişirin. Duz və istiot səpin. Ördəyi bir boşqaba çıxarın. 2 xörək qaşığı yağdan başqa hamısını qaşıqlayın.

3. Pancetta, soğan, yerkökü, kərəviz və adaçayı tavaya əlavə edin. Tərəvəzlər yumşaq və qızılı olana qədər bəzən qarışdıraraq 10 dəqiqə bişirin. Şərabı əlavə edin və 1 dəqiqə qaynatın.

4. Ördəyi qazana qaytarın və pomidor və su əlavə edin. Mayeni bir qaynadək gətirin. Qazanın üzərini qismən örtün və arabir qarışdıraraq 2 saat və ya ördək çəngəl ilə deşildikdə çox zərif olana qədər bişirin. İstifadə edirsinizsə, ördək qaraciyərini qarışdırın. Tavanı istidən çıxarın. Bir az sərinləyin, sonra yağları səthdən çıxarın. Ət parçalarını yivli qaşıqla sousdan çıxarın və nimçəyə köçürün. İsti saxlamaq üçün örtün.

5. Sousu isti bişmiş fettuccine ilə, sonra ikinci yemək olaraq ördək əti ilə xidmət edin. Bütün yeməyi 2 günə qədər əvvəlcədən bişirmək, hava keçirməyən qabda saxlamaq və soyuducuda saxlamaq olar.

Dovşan və ya Toyuq Ragù

Ragù di Coniglio və ya Pollo

3 stəkan hazırlayır

Pasxa yeməyi üçün bizim evdə dovşan ragù içində makaronla başlamaq ənənəvi idi. Ailədə dovşan yeməkdən çəkinənlər üçün anam eyni sousu toyuq əti ilə hazırlayardı. Dovşan ətinin yumşaqlığını nəzərə alsaq, mən həmişə toyuq ətini daha dadlı tapmışam. Qəssabdan sizin üçün dovşan və ya toyuq doğrayın.

1 kiçik dovşan və ya toyuq, 8 hissəyə kəsilir

2 xörək qaşığı zeytun yağı

1 (28 unsiya) italyan qabığı soyulmuş pomidorları şirəsi ilə doğranmışdır

1 orta soğan, incə doğranmışdır

1 orta kök, incə doğranmışdır

1 diş sarımsaq, incə doğranmışdır

½ stəkan quru ağ şərab

1 çay qaşığı doğranmış təzə rozmarin

Duz və təzə üyüdülmüş qara bibər

1. Böyük bir tavada yağı orta istilikdə qızdırın. Dovşan və ya toyuq parçalarını qurutun və duz və istiot səpin. Onları tavaya qoyun və hər tərəfdən yaxşıca qızardın, təxminən 20 dəqiqə.

2. Parçaları bir boşqaba çıxarın. Tavada iki xörək qaşığı yağdan başqa hamısını qaşıqlayın.

3. Tavaya soğan, yerkökü, sarımsaq və rozmarin əlavə edin. Tərəvəzlər yumşaq və yüngül qızılı olana qədər tez-tez qarışdıraraq bişirin. Şərabı əlavə edin və 1 dəqiqə qaynatın. Pomidorları şirələri ilə birlikdə yemək dəyirmanından keçirin və ya blenderdə və ya yemək prosessorunda püre halına salın və qazana əlavə edin. Dadmaq üçün duz və istiot əlavə edin. İstiliyi minimuma endirin və tavanı qismən örtün. Ara-sıra qarışdıraraq 15 dəqiqə bişirin.

4. Əti tavaya qaytarın. Ət yumşaq olana və düşənə və ya sümükdən asanlıqla ayrılana qədər, arabir qarışdıraraq 20 dəqiqə bişirin. Ət parçalarını yivli qaşıqla sousdan çıxarın və nimçəyə köçürün. İsti saxlamaq üçün örtün.

5. İsti, bişmiş fettuccine üzərinə sousu, ardınca dovşan və ya toyuq ətini ikinci yemək olaraq xidmət edin. Əvvəlcədən hazırlana və hava keçirməyən qabda soyuducuda 3 günə qədər və ya dondurucuda 2 aya qədər saxlanıla bilər.

Porcini və Ət Ragù

Ragù di Funghi və Carne

Təxminən 6 fincan edir

Pyemontun böyük ağ trufflələri haqqında çox şeylər yazılsa da, fransızlar tərəfindən cèpes adlandırılan porcini göbələkləri bölgənin böyük bir xəzinəsidir. Yağışdan sonra bol olan porcininin qalın qəhvəyi qapaqları qısa, qaymaqlı ağ gövdələrlə dəstəklənir və onlara dolğun görünüş verir. Onların adı kiçik donuzlar deməkdir. Zeytun yağı və göyərti ilə qızardılmış və ya qovrulmuş göbələk dadı şirin və qozlu olur. Təzə porcini yalnız yaz və payızda mövcud olduğundan, bu bölgədəki aşpazlar souslara və qızartmalara zəngin, odunlu bir ləzzət vermək üçün ilin qalan hissəsində qurudulmuş porçiniyə etibar edirlər.

Qurudulmuş porcini adətən şəffaf plastik və ya sellofan paketlərdə satılır. Çantanın dibində minimum qırıntı və zibil olan böyük bütöv dilimlərə baxın. "Satış tarixi" il ərzində olmalıdır. Göbələklər qocaldıqca ləzzət yox olur. Qurudulmuş porcini sıx bağlanmış qabda saxlayın.

1 1/2 stəkan evdə hazırlanmışdırƏt Brothvə ya mağazada alınmış mal əti suyu

1 unsiya qurudulmuş porcini göbələkləri

2 stəkan isti su

2 xörək qaşığı zeytun yağı

2 unsiya doğranmış pancetta

1 yerkökü, doğranmış

1 orta soğan, doğranmış

1 kərəviz qabırğası, doğranmışdır

1 diş sarımsaq, çox incə doğranmışdır

1 1/2 funt üyüdülmüş dana əti

1/2 stəkan quru ağ şərab

Duz və təzə üyüdülmüş qara bibər

1 stəkan doğranmış təzə və ya konservləşdirilmiş italyan pomidoru

1/4 çay qaşığı təzə rəndələnmiş muskat qozu

1. Lazım gələrsə, bulyonu hazırlayın. Orta qabda göbələkləri 30 dəqiqə suda isladın. Göbələkləri islatma mayesindən qaldırın. Mayeni kağız qəhvə filtrindən və ya bir parça nəmlənmiş cənə ilə təmiz bir qaba süzün və kənara qoyun. Göbələkləri axan

suyun altında yuyun, torpağın toplandığı bazaya xüsusi diqqət yetirin. Göbələkləri incə doğrayın.

2. Böyük bir qazana yağı tökün. Pancetta əlavə edin və orta istilikdə təxminən 5 dəqiqə bişirin. Kök, soğan, kərəviz və sarımsağı əlavə edin və tez-tez qarışdıraraq, tender və qızılı olana qədər təxminən 10 dəqiqə daha bişirin. Dana ətini əlavə edin və yüngülcə qızarana qədər bişirin, topaqları parçalamaq üçün tez-tez qarışdırın. Şərabı əlavə edin və 1 dəqiqə bişirin. Dadmaq üçün duz və istiot əlavə edin.

3. Pomidor, göbələk, muskat və qorunan göbələk mayesini əlavə edin. Bir qaynağa gətirin. 1 saat və ya sousu qalınlaşana qədər bişirin. İsti xidmət edin. Əvvəlcədən hazırlana və hava keçirməyən qabda soyuducuda 3 günə qədər və ya dondurucuda 2 aya qədər saxlanıla bilər.

Təzə otlar ilə donuz əti Ragù

Ragù di Maiale

6 stəkan edir

Pugliadakı Natale Liberale'nin evində ərim və mən trokkoli üzərində bu üyüdülmüş donuz ətindən, Abruzzo alla chitarra makarotuna bənzər təzə kvadrat kəsilmiş spagetti yedik. Bu, anası Enza tərəfindən hazırlanmışdır, o, mənə xüsusi silsiləli taxta yayma sancağından istifadə edərək evdə hazırlanmış yumurtalı makaron təbəqələrini necə kəsdiyini göstərdi. Ragù orecchiette və ya təzə fettuccine də yaxşıdır.

Otların müxtəlifliyi Enzanın ragù-ni fərqli edir. Onlar qaynadıqca sousun dadını dərinləşdirirlər. Təzə otlar idealdır, lakin dondurulmuş və ya qurudulmuş otlar ilə əvəz edilə bilər, baxmayaraq ki, qurudulmuş reyhandan qaçıram, bu xoşagəlməzdir. Fesləğən yoxdursa, təzə cəfəri ilə əvəz edin.

4 xörək qaşığı zeytun yağı

1 orta soğan, incə doğranmışdır

½ fincan doğranmış təzə reyhan və ya düz yarpaqlı cəfəri

¼ fincan doğranmış təzə nanə yarpağı və ya 1 çay qaşığı qurudulmuş

1 xörək qaşığı doğranmış təzə adaçayı və ya 1 çay qaşığı qurudulmuş

1 çay qaşığı doğranmış təzə rozmarin və ya 1⁄2 çay qaşığı qurudulmuş

½ çay qaşığı şüyüd toxumu

1 kilo donuz əti

Duz və təzə üyüdülmüş qara bibər

½ stəkan quru qırmızı şərab

1 (28 unsiya) italyan qabığı soyulmuş pomidorları şirəsi ilə doğranmışdır

1.Yağı, soğanı, bütün göyərtiləri və şüyüd toxumlarını böyük bir qazana qoyun və istiliyi orta səviyyəyə qoyun. Soğan yumşaq və qızılı olana qədər, hərdən qarışdıraraq təxminən 10 dəqiqə bişirin.

2.Donuz əti, sonra dadmaq üçün duz və istiot əlavə edin. Donuz əti çəhrayı rəngini itirənə qədər, təxminən 10 dəqiqə bişirin, parçaları parçalamaq üçün tez-tez qarışdırın. Şərabı əlavə edin və 5 dəqiqə qaynatın. Pomidorları qarışdırın və 1 saat və ya sous qalınlaşana qədər bişirin. İsti xidmət edin. Əvvəlcədən hazırlana və hava keçirməyən qabda soyuducuda 3 günə qədər və ya dondurucuda 2 aya qədər saxlanıla bilər.

Truffled Meat Ragù

Ragu Tartufato

5 stəkan edir

Umbria'da, bölgədə yetişdirilən qara truffle bişirmə vaxtının ən sonunda ragù əlavə edilir. Onlar sousa xüsusi odunlu ləzzət verirlər.

Siz truffle tərk edə bilərsiniz və ya xüsusi mağazalarda asanlıqla əldə edilə bilən küplü truffle istifadə edə bilərsiniz. Başqa bir alternativ, bir az truffle yağı istifadə etməkdir. Az miqdarda istifadə edin, çünki onun ləzzəti həddindən artıq ola bilər. Bu sousu təzə fettuccine ilə xidmət edin. Sous o qədər zəngindir ki, rəndələnmiş pendirə ehtiyac yoxdur.

1 unsiya qurudulmuş porcini göbələkləri

2 stəkan qaynar su

2 xörək qaşığı duzsuz kərə yağı

8 unsiya üyüdülmüş donuz əti

8 unsiya üyüdülmüş dana əti

2 unsiya dilimlənmiş pancetta, incə doğranmışdır

1 kərəviz qabırğası, yarıya bölün

1 orta kök, yarıya bölün

1 kiçik soğan, qabığı soyulmuş, lakin bütöv qalmışdır

2 orta ölçülü təzə pomidor, qabığı soyulmuş, toxumu soyulmuş və doğranmış və ya 1 stəkan idxal edilmiş italyan konservləşdirilmiş pomidorları, qurudulmuş və doğranmışdır

1 xörək qaşığı tomat pastası

1/4 stəkan ağır krem

1 kiçik qara təzə və ya qablaşdırılmış truffle, nazik dilimlənmiş və ya bir neçə damcı truffle yağı

Bir çimdik təzə rəndələnmiş muskat qozu

1. Porcini göbələklərini su ilə bir qaba qoyun. 30 dəqiqə dəmlənməsinə icazə verin. Göbələkləri mayedən qaldırın. Mayeni qəhvə filtrindən və ya nəmlənmiş cənə ilə təmiz bir qaba süzün və kənara qoyun. Göbələkləri sərin su altında yaxşıca yuyun, torpağın toplandığı gövdələrin dibinə xüsusi diqqət yetirin. Göbələkləri incə doğrayın.

2. Böyük bir qazanda kərə yağı orta istilikdə əridin. Ətləri əlavə edin və ət çəhrayı rəngini itirənə, lakin qəhvəyi olmayana qədər

qarışdıraraq, topaqları parçalamaq üçün bişirin. Yumşaq qalmalıdır.

3. Şərabı əlavə edin və 1 dəqiqə qaynatın. Kərəviz, yerkökü, soğan, göbələk və onların 1 stəkan mayesini, pomidoru və tomat pastasını əlavə edib yaxşıca qarışdırın. Çox aşağı istilikdə 1 saat bişirin. Sos çox qurudursa, göbələk mayesindən bir az əlavə edin.

4. Ragù 1 saat bişirildikdə, kərəviz, yerkökü və soğanı çıxarın. Sousu bu nöqtəyə qədər hazırlamaq olar. Soyumağa icazə verin, sonra hava keçirməyən qabda və 3 günə qədər soyuducuda və ya 2 aya qədər dondurucuda saxlayın. Davam etməzdən əvvəl sousu yenidən qızdırın.

5. Xidmət verməzdən əvvəl isti sousa qaymaq, truffle və muskat qozunu əlavə edin. Truffelin dadını qorumaq üçün yumşaq qarışdırın, lakin bişirməyin. İsti xidmət edin.

Kərə yağı və adaçayı sousu

Salsa al Burro və Salvia

1/2 fincan edir

Bu o qədər sadədir ki, onu daxil edib-etməməkdə tərəddüd etdim, amma təzə yumurtalı makaron üçün klassik sousdur, xüsusən də ravioli kimi doldurulmuş makaron. Təzə kərə yağı istifadə edin və hazır yeməyi təzə rəndələnmiş Parmigiano-Reggiano pendiri ilə səpin.

1 çubuq duzsuz kərə yağı

6 adaçayı yarpağı

Duz və təzə üyüdülmüş qara bibər

Parmigiano-Reggiano

Kərə yağı adaçayı ilə aşağı istilikdə əridin. 1 dəqiqə qaynadın. Dadmaq üçün duz və istiot əlavə edin. İsti, bişmiş makaron və Parmigiano-Reggiano pendiri ilə xidmət edin.

Variasiya: Qəhvəyi yağ sousu: Kərə yağı yüngülcə qızarana qədər bir neçə dəqiqə bişirin. Adaçayı buraxın. Fındıq sousu: Kərə yağına

1/4 fincan doğranmış qızardılmış fındıq əlavə edin. Adaçayı buraxın.

Müqəddəs Yağ

Olio Santo

1 stəkan edir

Toskana, Abruzzo və mərkəzi İtaliyanın digər bölgələrindəki italyanlar bu müqəddəs yağ adlandırırlar, çünki bəzi müqəddəs mərasimlərdə mübarək yağdan istifadə edildiyi kimi, bir çox şorba və makaronları "məsh etmək" üçün istifadə olunur. Bu yağı şorbalara tökün və ya makaronun içinə tökün. Ehtiyatlı olun - istidir!

Supermarketinizdə tapdığınız qurudulmuş bibərlərdən istifadə edə bilərsiniz. Əgər İtaliya bazarındasınızsa, paketlərdə satılan peperoncino və ya "acı bibər" axtarın.

1 xörək qaşığı əzilmiş qurudulmuş çili və ya əzilmiş qırmızı bibər

1 stəkan sızma zeytun yağı

Kiçik bir şüşə qabda bibər və yağı birləşdirin. Üzərini örtün və yaxşı silkələyin. İstifadədən əvvəl 1 həftə dayanmasına icazə verin. Sərin, qaranlıq yerdə 3 aya qədər saxlayın.

Fontina pendir sousu

Fonduta

1 3/4 fincan edir

Piedmontdakı Monforte d'Albadakı Locanda di Felicin-də sahibi Giorgio Rocca bu zəngin, ləzzətli sousu dayaz boşqablarda, üstü qırxılmış truffle və ya brokoli və ya qulançar kimi tərəvəzlərin üzərində təqdim edir. Sınayın<u>Kartof Gnocchi</u>, həmçinin.

2 böyük yumurta sarısı

1 stəkan ağır krem

1/2 funt Fontina Valle d'Aosta, 1/2 düymlük kublara kəsilmiş

Kiçik bir qazanda yumurta sarısı və kremi birlikdə çırpın. Pendir əlavə edin və orta odda, davamlı qarışdıraraq, pendir əriyənə və sous hamar olana qədər təxminən 2 dəqiqə bişirin. İsti xidmət edin.

Beşamel sousu

Salsa Balzamella

Təxminən 4 fincan edir

Bu əsas ağ sous adətən pendirlə birləşdirilir və bişmiş makaron və ya tərəvəzlərdə istifadə olunur. Resept asanlıqla yarıya endirilə bilər.

1 litr süd

6 xörək qaşığı duzsuz kərə yağı

5 xörək qaşığı un

Dadmaq üçün duz və təzə üyüdülmüş qara bibər

Bir çimdik təzə rəndələnmiş muskat qozu

1. Südü orta bir qazanda kənarında kiçik baloncuklar əmələ gələnə qədər qızdırın.

2. Kərə yağı böyük bir qazanda orta-aşağı odda əridin. Unu əlavə edib yaxşıca qarışdırın. 2 dəqiqə bişirin.

3. Yavaş-yavaş südü nazik bir axınla əlavə etməyə başlayın, tel çırpıcı ilə qarışdırın. Əvvəlcə sous qalın və topaqlı olacaq, lakin qalanını qarışdırdıqca tədricən boşalacaq və hamarlaşacaq.

4. Bütün süd əlavə edildikdə, duz, istiot və muskat qozunu qarışdırın. İstiliyi orta səviyyəyə qaldırın və qarışıq qaynana qədər daim qarışdırın. 2 dəqiqə daha bişirin. İstidən çıxarın. Bu sousu istifadə etməzdən 2 gün əvvəl hazırlamaq olar. Bir konteynerə tökün, bir parça plastik sarğı ilə birbaşa səthə qoyun və dərinin əmələ gəlməsinin qarşısını almaq üçün sıx bağlayın, sonra soyudun. İstifadə etməzdən əvvəl, çox qalındırsa, bir az daha süd əlavə edin.

Sarımsaq sousu

Agliata

1 1/2 fincan edir

Sarımsaq sousu qaynadılmış və ya qızardılmış ət, toyuq və ya balıq ilə verilə bilər. Mən hətta tez yemək üçün isti bişmiş makaron ilə atdım. Bu versiya Pyemontdandır, baxmayaraq ki, mən Siciliyada qoz-fındıqsız hazırlanmış agliata da yemişəm. Qızardılmış qozun verdiyi ləzzəti bəyənirəm.

2 diş sarımsaq

2 və ya 3 dilim İtalyan çörəyi, qabıqları çıxarılır

1/2 stəkan qızardılmış qoz

1 stəkan sızma zeytun yağı

Duz və təzə üyüdülmüş qara bibər

1. Bir qida prosessorunda və ya qarışdırıcıda, dadmaq üçün sarımsaq, çörək, qoz, duz və istiot birləşdirin. İncə doğranana qədər proses edin.

2. Maşın işləyərkən yağı tədricən qarışdırın. Sousu qalın və hamar olana qədər emal edin.

3. Xidmət verməzdən əvvəl otaq temperaturunda 1 saat buraxın.

Yaşıl sous

Salsa Verde

1 1/2 fincan edir

Bütün İtaliyada bu və ya digər formada yaşıl sousu yesəm də, bu versiya mənim sevimlidir, çünki çörək ona qaymaqlı bir quruluş verir və cəfərini mayedə saxlamağa kömək edir. Əks halda cəfəri və digər bərk maddələr dibinə batmağa meyllidir. Klassik qaynadılmış ət yeməyi Bollito Misto ilə yaşıl sousu təqdim edin (<u>Qarışıq qaynadılmış ətlər</u>), qızardılmış və ya qovrulmuş balıq və ya dilimlənmiş pomidor, qaynadılmış yumurta və ya buxarda bişmiş tərəvəz ilə. İmkanlar sonsuzdur.

3 stəkan boş yerə yığılmış təzə düz yarpaqlı cəfəri

1 diş sarımsaq

1/4 fincan qabıqsız italyan və ya fransız çörəyi, kublara kəsilmiş

6 hamsi filesi

3 xörək qaşığı süzülmüş kapers

1 stəkan sızma zeytun yağı

2 xörək qaşığı qırmızı və ya ağ şərab sirkəsi

Duz

1. Qida prosessorunda cəfəri və sarımsağı incə doğrayın. Çörək kublarını, həmsini və kapariləri əlavə edin və incə doğranana qədər işləyin.

2. Maşın işləyərkən yağ və sirkə və bir çimdik duz əlavə edin. Qarışdırıldıqdan sonra ədviyyat üçün dadın; lazım olduqda tənzimləyin. Daha uzun saxlama üçün iki saata qədər otaq temperaturunda və ya soyuducuda örtün və saxlayın.

Siciliya sarımsağı və kaper sousu

Ammoghiu

Təxminən 2 stəkan edir

Siciliya sahillərindəki Pantelleria adası həm aromatik desert şərabı moscato di Pantelleria, həm də əla kaperləri ilə məşhurdur. Kaparilər adanın hər yerində vəhşi şəkildə böyüyür və böyüyür. Yazda bitkilər gözəl çəhrayı və ağ çiçəklərlə örtülür. Çiçəklərin açılmamış qönçələri başqa bir yerli xüsusiyyət olan qaba dəniz duzunda yığılıb saxlanılan kaperlərdir. Siciliyalılar hesab edirlər ki, duz sirkədən daha yaxşı qapalıların təzə dadını qoruyur.

Kapari, pomidor və çoxlu sarımsağın bu bişməmiş sousu balıq və ya makaron üçün Siciliya sevimlisidir. Ona xidmət etməyin bir yolu xırtıldayan qızardılmış balıq və ya kalamardır.

8 diş sarımsaq, soyulmuş

1 stəkan reyhan yarpaqları, yuyulur və qurudulur

½ fincan təzə cəfəri yarpaqları

Bir neçə kərəviz yarpağı

6 təzə gavalı pomidoru, qabığı soyulmuş və toxumlanmış

2 xörək qaşığı kapers, yuyulur və süzülür

½ stəkan bakirə zeytun yağı

Duz və təzə üyüdülmüş qara bibər

1.Bir qida prosessorunda sarımsaq, reyhan, cəfəri və kərəviz yarpaqlarını xırda doğrayın. Pomidor və kapari əlavə edin və hamarlanana qədər emal edin.

2.Maşın işləyərkən, dadmaq üçün tədricən zeytun yağı və duz və istiot əlavə edin. Hamar və yaxşı qarışdırılana qədər emal edin. Xidmət vermədən əvvəl 1 saat dayanmasına icazə verin. Otaq temperaturunda xidmət edin.

Cəfəri və yumurta sousu

Salsa di Prezzemolo və Uova

2 stəkan hazırlayır

Trentino-Alto Adigedə bu sous təzə yaz qulançarı ilə verilir. Sərt bişmiş yumurta ona zəngin dad və qaymaqlı tekstura verir. Bişmiş toyuq, qızılbalıq və ya yaşıl lobya və qulançar kimi tərəvəzlərlə yaxşı gedir.

4 böyük yumurta

1 stəkan yüngülcə qablaşdırılmış təzə düz yarpaqlı cəfəri

2 xörək qaşığı kapers, yuyulur, süzülür və doğranır

1 diş sarımsaq

1 çay qaşığı rəndələnmiş limon qabığı

1 stəkan sızma zeytun yağı

1 xörək qaşığı təzə limon suyu

Duz və təzə üyüdülmüş qara bibər

1. Yumurtaları örtmək üçün soyuq su ilə kiçik bir qazana qoyun. Suyu bir qaynadək gətirin. 12 dəqiqə bişirin. Yumurtaları soyuq axan suyun altında sərinləyin. Sökün və soyun. Yumurtaları doğrayın və bir qaba qoyun.

2. Bir qida prosessorunda və ya əl ilə cəfəri, kapari və sarımsağı çox incə doğrayın. Onları yumurta ilə bir qaba köçürün.

3. Limon qabığı ilə qarışdırın. Çırpıcı ilə yağ, limon suyu və dadmaq üçün duz və istiot əlavə edin. Bir sous qayığına sürtün. Üzərini örtün və 1 saat və ya bir gecədə soyudun.

4. Xidmət vermədən ən azı 1/2 saat əvvəl sousu soyuducudan çıxarın. Yaxşı qarışdırın və ədviyyat üçün dadın.

Variasiya: 1 xörək qaşığı doğranmış təzə soğanı qarışdırın.

Qırmızı bibər və pomidor sousu

Bagnetto Rosso

Təxminən 2 pint edir

İtaliyanın şimalındakı Piedmontda bu sous tərəvəzlərin bol olduğu yay aylarında böyük partiyalarda hazırlanır. Adı "qırmızı vanna" deməkdir, çünki sous qaynadılmış ət və ya toyuq, makaron, omlet və ya çiy tərəvəz üçün istifadə olunur.

4 böyük qırmızı bolqar bibəri, doğranmışdır

1 stəkan soyulmuş, toxumlanmış və doğranmış təzə pomidor

1 orta soğan, doğranmış

2 xörək qaşığı zeytun yağı

1 xörək qaşığı şərab sirkəsi

1 çay qaşığı şəkər

Bir çimdik doğranmış qırmızı bibər

Bir çimdik üyüdülmüş darçın

1. Böyük bir qazanda bütün inqrediyentləri birləşdirin. Tencerenin qapağını bağlayın və aşağı istilikdə bişirin. Bir qaynağa gətirin. (Diqqətlə baxın ki, yanmasın. Maye çatmazsa bir az su əlavə edin.) Bibərlər çox yumşalana qədər arabir qarışdıraraq 1 saat bişirin.

2. Bir az sərinləyin. Tərkibləri qida dəyirmanından keçirin və ya qarışdırıcıda və ya yemək prosessorunda hamarlanana qədər emal edin. Ədviyyat üçün dadın. Sousu sıx möhürlənmiş qablara köçürün və 1 həftəyə qədər soyudun və ya üç aya qədər dondurun. Otaq temperaturunda xidmət edin.

Zeytun sousu

Salsa di Zeytun

Təxminən 1 fincan edir

Kavanozlu zeytun pastası crostini və ya ızgara ətlər üçün bu asan sous üçün tez doldurulması üçün əlinizdə olması rahatdır. İncə doğranmış zeytun əvəz edilə bilər. Bu qızardılmış mal əti tenderloin və ya çörək və ya focaccia üçün dip kimi gözəldir.

½ fincan qara zeytun pastası

1 diş sarımsaq, soyulmuş və bıçaq tərəfi ilə yastılaşdırılmışdır

1 xörək qaşığı doğranmış təzə rozmarin

½ stəkan bakirə zeytun yağı

1-2 xörək qaşığı balzam sirkəsi

Orta qabda zeytun pastası, sarımsaq, rozmarin, yağ və sirkəni birlikdə çırpın. Əgər sous çox qalındırsa, onu bir az daha çox yağla seyreltin. Ən azı 1 saat otaq temperaturunda dayanmasına icazə verin. Xidmət vermədən əvvəl sarımsağı çıxarın.

Günəşdə qurudulmuş pomidor sousu

Salsa di Pomodori Secchi

Təxminən ¾ fincan edir

Bu sousu bifteklər, soyuq qovrulmuş mal əti və ya donuz əti üzərinə və ya antipasto üçün bir kündə yumşaq keçi pendirinin üzərinə sürtün.

½ stəkan qurudulmuş marinadlanmış günəşdə qurudulmuş pomidor, çox incə doğranmışdır

2 xörək qaşığı doğranmış təzə cəfəri

1 xörək qaşığı doğranmış kapari

½ stəkan bakirə zeytun yağı

1 xörək qaşığı balzam sirkəsi

Təzə üyüdülmüş qara bibər

>Orta qabda bütün inqrediyentləri qarışdırın. Xidmət verməzdən əvvəl otaq temperaturunda 1 saat buraxın. Otaq temperaturunda xidmət edin. Soyuducuda hava keçirməyən qabda 2 günə qədər saxlayın.

Molise üslubunda bibər sousu

Salsa di Peperoni

Təxminən 1 fincan edir

Molise İtaliyanın ən kiçik və ən kasıb bölgələrindən biridir, lakin yeməklər ləzzətlə doludur. Bu ləzzətli bibər sousunu - ləhcədə jevezarola adlanır - ızgara və ya qovrulmuş ət və ya toyuq ilə ədviyyat kimi sınayın. Mən hətta qrildə hazırlanmış tuna balığını da xoşlayıram. Özünüzdən istifadə edə bilərsiniz<u>Turşu bibər</u>və ya mağazada satın alınan çeşid. Əgər yeməyinizi ədviyyatlı sevirsinizsə, isti qırmızı bibər əlavə edin.

1 stəkan qırmızı duzlu bibər, süzülür

1 orta soğan, doğranmış

1 xörək qaşığı şəkər

4 xörək qaşığı zeytun yağı

1. Bibər, soğan və şəkəri qida prosessoruna və ya qarışdırıcıya qoyun. Hamarlanana qədər qarışdırın. Yağ əlavə edin və yaxşı qarışdırın.

2. Qarışığı kiçik bir ağır qazana sürtün. Çox qalınlaşana qədər tez-tez qarışdıraraq təxminən 45 dəqiqə bişirin. İstidən çıxarın və xidmət etməzdən əvvəl sərinləyin. Otaq temperaturunda xidmət edin. Soyuducuda hava keçirməyən qabda 1 aya qədər saxlayın.

Zeytun yağı mayonez

mayonez

1 stəkan edir

Evdə hazırlanmış mayonez, məsələn, yetişmiş pomidor, bərk bişmiş yumurta, qaynadılmış balıq, dilimlənmiş toyuq və ya sendviçlər üzərində kəsilərək verildikdə bütün fərqi yaradır. Bunu etmək üçün mən yumşaq ətirli sızma zeytun yağından istifadə etməyi və ya tam ətirli yağı bitki yağı ilə qarışdırmağı xoşlayıram. Mayonezi tel çırpıcı ilə əl ilə hazırlayın və ya elektrik mikserindən istifadə edin.

Çiy yumurtalardakı salmonella son illərdə xeyli azalıb, lakin hər hansı bir şübhəniz varsa, dadmaq üçün zeytun yağı və təzə limon şirəsi damcıları ilə banka mayonezi artırmaqla ağlabatan bir əvəz edə bilərsiniz.

2 böyük yumurta sarısı, otaq temperaturunda

2 xörək qaşığı təzə limon suyu

¼ çay qaşığı duz

1 stəkan bakirə zeytun yağı və ya 1/2 stəkan bitki yağı və 1/2 stəkan bakirə zeytun yağı

1. Orta bir qabda yumurta sarısı, limon suyu və duzu açıq sarı və qalınlaşana qədər qarışdırın.

2. Qarışıq sərtləşməyə başlayana qədər çox yavaş-yavaş yağı damla-damla əlavə edərək çırpmağa davam edin. Qalınlaşdıqca, qalan yağı əlavə etməzdən əvvəl onun uduldugundan əmin olun, daha davamlı şəkildə çalın. Hər hansı bir zamanda yağın udulması dayanarsa, yağı əlavə etməyi dayandırın və sous yenidən hamarlanana qədər sürətlə çırpın.

3. Dadın və ədviyyatı tənzimləyin. Dərhal xidmət edin və ya örtün və 2 günə qədər soyudun.

Variasiya: Bitki mayonezi: 2 xörək qaşığı çox incə doğranmış təzə reyhan və ya cəfərini qarışdırın. Limon Mayonezi: 1/2 çay qaşığı rəndələnmiş təzə limon qabığını qarışdırın.

Portağal mayonez sousu

Salsa Maionese all'Arancia

1 1/4 fincan edir

Şirin qırmızı karides Sardiniyada bir ixtisasdır. Kosta Smeraldadakı Hotel Cala di Volpe-də qalarkən bizə narıncı rəngli zərif souslu zərif yaşıl kahı çarpayısında karides verildi. Karides öz-özünə əla idi, amma sousu yeməkdən saxlaya bilmədim. Bilirdim ki, mayonez əsasındadır, amma nədənsə daha yüngül görünürdü. Nəhayət sirrini açan ofisiantdan soruşdum: Aşpaz mayonezin zənginliyini kəsərkən qaymaqlılıq verən mayonezə qatıq qatmışdı. Bu asan sarğı qaynadılmış qızılbalıq və ya yumurta üzərində çox yaxşıdır.

1/2 fincan mayonez (evdə hazırlanmış və ya mağazadan alınmış)

1/2 stəkan adi qatıq

2 xörək qaşığı təzə portağal suyu

1/2 çay qaşığı rəndələnmiş portağal qabığı

2 çay qaşığı doğranmış soğan

Dadmaq üçün duz və təzə üyüdülmüş qara bibər

Bir qabda bütün inqrediyentləri qarışdırın. Dadın və ədviyyatı tənzimləyin. Xidmət müddətinə qədər soyudun.

Sarımsaq, yağ və acı bibər ilə linguine

Linguine Aglio, Olio, və Peperoncino

4-6 porsiya təşkil edir

Sarımsaq, meyvəli sızma zeytun yağı, cəfəri və acı bibər bu ən dadlı makaron üçün sadə ədviyyatlardır. Tam ətirli zeytun yağı, təzə sarımsaq və cəfəri kimi vacibdir. Sarımsağı yavaş-yavaş bişirin ki, yağ güclü dadı ilə doysun. Sarımsağın qızılı rəngdən daha çox çevrilməsinə icazə verməyin, əks halda dadı acı və acı olacaq. Bəzi aşpazlar cəfərini kənarda qoyurlar, amma mən onun əlavə etdiyi təzə ləzzəti sevirəm.

½ stəkan bakirə zeytun yağı

4-6 böyük sarımsaq, incə dilimlənmiş

½ çay qaşığı doğranmış qırmızı bibər

⅓ fincan doğranmış təzə düz yarpaqlı cəfəri

Duz

1 funt linguine və ya spagetti

1. Bişmiş makaronu saxlamaq üçün kifayət qədər böyük bir tavaya yağı tökün. Sarımsaq və doğranmış qırmızı bibər əlavə edin. Orta istilikdə, tez-tez qarışdıraraq, sarımsaq dərin bir qızıl olana qədər təxminən 4-5 dəqiqə bişirin. Cəfəri ilə qarışdırın və ocağı söndürün.

2. Ən azı 4 litr soyuq su bir qaynadək gətirin. 2 xörək qaşığı duz, sonra makaron əlavə edin, makaron tamamilə su ilə örtülənə qədər aşağı itələyin. Makaron al dente, yumşaq, lakin dişləməsi üçün möhkəm olana qədər tez-tez qarışdıraraq yüksək odda bişirin. Pişirmə suyunun bir hissəsini kənara qoyun. Makaronu süzün və souslu tavaya əlavə edin.

3. Orta istilikdə bişirin, makaron sousla yaxşıca örtülənə qədər qarışdırın. Makaron quru görünürsə, ehtiyatda olan yemək suyundan bir az əlavə edin. Dərhal xidmət edin.

Variasiya: Sarımsaq ilə birlikdə doğranmış qara və ya yaşıl zeytun, kapers və ya hamsi əlavə edin. Zeytun yağı və ya sürtgəcdən keçirilmiş pendirdə qızardılmış çörək qırıntıları ilə səpilir.

Sarımsaq və zeytun ilə spagetti

Spagetti al Aglio və Zeytun

4-6 porsiya təşkil edir

Bu tez makaron sousunu özünüz doğrayıb doğradığınız zeytunlarla hazırlamaq olar, lakin hazırlanmış zeytun pastası daha rahatdır. Zeytun pastası və zeytun duzlu ola biləcəyi üçün bu yeməyə sürtgəcdən keçirilmiş pendir əlavə etməyin.

¼ stəkan zeytun yağı

3 diş sarımsaq, incə doğranmışdır

Bir çimdik doğranmış qırmızı bibər

¼ fincan yaşıl zeytun pastası və ya dadmaq üçün və ya 1 stəkan doğranmış çəyirdəkli yaşıl zeytun

2 xörək qaşığı doğranmış təzə düz yarpaqlı cəfəri

Duz

1 funt spagetti və ya linguine

1. Bişmiş makaronu saxlamaq üçün kifayət qədər böyük bir tavaya yağı tökün. Sarımsaq və doğranmış qırmızı bibər əlavə edin.

Sarımsaq dərin bir qızıl olana qədər orta istilikdə təxminən 4-5 dəqiqə bişirin. Zeytun pastası və ya zeytun və cəfəri ilə qarışdırın və tavayı istidən çıxarın.

2.Böyük bir qazanda 4 litr su qaynatın. 2 xörək qaşığı duz, sonra makaron əlavə edin, makaron tamamilə su ilə örtülənə qədər yavaşca aşağı itələyin. Makaron al dente, yumşaq, lakin dişləməsi üçün möhkəm olana qədər tez-tez qarışdıraraq yüksək odda bişirin. Pişirmə suyunun bir hissəsini kənara qoyun. Makaronu süzün və souslu tavaya əlavə edin.

3.Orta istilikdə bişirin, makaron sousla yaxşıca örtülənə qədər qarışdırın. Makaron quru görünürsə, bir az qaynar su əlavə edin. Dərhal xidmət edin.

Pesto ilə linqvine

Linguine al Pesto

4-6 porsiya təşkil edir

Liguriyada pesto sarımsaq və göyərti məhlulda qalın pasta əmələ gələnə qədər döyülərək hazırlanır. Orada yumşaq dadlı və uzunluğu yarım düymdən çox olmayan xırda yarpaqlı müxtəlif reyhandan istifadə olunur. Onun hazırladığı pesto ABŞ-da olan reyhan ilə hazırlanandan daha incədir. Ligurian pesto ləzzətini təxmin etmək üçün bir az düz yarpaqlı cəfəri əlavə edirəm. Cəfəri rəngini doğrandıqda qaralmağa meylli olan reyhandan daha yaxşı saxlayır, ona görə də pesto məxmər yaşıl qalır. Əgər Liquriyada səyahət edirsinizsə və bağçılıqla məşğul olmağı sevirsinizsə, bir paket xırda reyhan toxumu alın və onları öz bağçanızda yetişdirin. İtaliyadan evə qablaşdırılmış toxumların gətirilməsinə heç bir qadağa yoxdur.

1 stəkan sıx şəkildə qablaşdırılan reyhan yarpaqları yuyulur və qurudulur

¼ fincan sıx şəkildə qablaşdırılmış təzə yastı yarpaqlı cəfəri, yuyulur və qurudulur

2 xörək qaşığı şam qozu və ya ağardılmış badam

1 diş sarımsaq

Qaba duz

⅓ fincan əlavə bakirə zeytun yağı

1 funt linguine

½ fincan təzə rəndələnmiş Parmigiano-Reggiano

2 xörək qaşığı duzsuz yağ, yumşaldılmış

1. Bir qida prosessorunda reyhan və cəfəri yarpaqlarını şam qozası, sarımsaq və bir çimdik duz ilə çox incə doğrayın. Tədricən zeytun yağı nazik bir axınla əlavə edin və hamarlanana qədər qarışdırın. Ədviyyat üçün dadın.

2. Böyük bir qazanda 4 litr su qaynatın. 2 xörək qaşığı duz, sonra makaron əlavə edin, makaron tamamilə su ilə örtülənə qədər yavaşca aşağı itələyin. Yaxşı qarışdırın. Tez-tez qarışdıraraq, makaron al dente, yumşaq, lakin dişləmə üçün möhkəm olana qədər bişirin. Pişirmə suyunun bir hissəsini kənara qoyun. Pastanı boşaltın.

3. Makaronu böyük bir qızdırılan xidmət qabına qoyun. Pesto, pendir və kərə yağı əlavə edin. Lazım gələrsə, pestonu incələşdirmək üçün bir az ehtiyat makaron suyundan əlavə edərək yaxşıca qarışdırın. Dərhal xidmət edin.

Qoz ilə nazik spagetti

Spagettini con le Noci

4-6 porsiya təşkil edir

Bu, tez-tez ətsiz cümə yeməklərində yeyilən Neapolitan reseptidir. Bu makaron sousu üçün qoz çox incə doğranmalıdır ki, döndərildikcə parçalar makarona yapışsın. Onları bıçaqla doğrayın və ya istəsəniz qida prosessorundan istifadə edin, lakin pasta halına gətirməyin.

¼ stəkan zeytun yağı

3 böyük sarımsaq, yüngülcə əzilmiş

1 stəkan qoz, incə doğranmışdır

Duz

1 funt spagettini, incə linguine və ya vermicelli

½ fincan təzə qızardılmış Pecorino Romano

Təzə üyüdülmüş qara bibər

2 xörək qaşığı doğranmış təzə düz yarpaqlı cəfəri

1. Makaronu saxlamaq üçün kifayət qədər böyük bir tavaya yağı tökün. Sarımsağı əlavə edin və orta istilikdə sarımsağı hərdən bir qaşıq arxası ilə basaraq dərin qızıl rəngə çevrilənə qədər təxminən 3-4 dəqiqə bişirin. Sarımsağı tavadan çıxarın. Qozları qarışdırın və yüngülcə qızarana qədər bişirin, təxminən 5 dəqiqə.

2. Böyük bir qazanda ən azı 4 litr su qaynatın. 2 xörək qaşığı duz, sonra makaron əlavə edin. Yaxşı qarışdırın. Makaron al dente, yumşaq, lakin dişləməsi üçün möhkəm olana qədər tez-tez qarışdıraraq yüksək odda bişirin. Pişirmə suyunun bir hissəsini saxlayaraq, makaronu boşaltın.

3. Makaronu qoz sousu və nəm saxlamaq üçün kifayət qədər yemək suyu ilə atın. Pendir və səxavətli qara bibər əlavə edin. Yaxşı atın. Cəfəri əlavə edin və dərhal xidmət edin.

Günəşdə Qurudulmuş Pomidor ilə Linguine

Linguine Con Pomodori Secchi

4-6 porsiya təşkil edir

Kilerdə bir banka marinadlanmış günəşdə qurudulmuş pomidor və gözlənilməz qonaqlar bu tez makaron yeməyinə ilham verdi. Ən çox marinadlanmış günəşdə qurudulmuş pomidorların qablaşdırıldığı yağ ümumiyyətlə ən yüksək keyfiyyətə malik deyildir, ona görə də mən onu boşaltmağa və bu asan sousa öz bakirə zeytun yağımı əlavə etməyə üstünlük verirəm.

1 banka (təxminən 6 unsiya) marinadlanmış günəşdə qurudulmuş pomidor, qurudulmuş

1 kiçik diş sarımsaq

¼ stəkan bakirə zeytun yağı

1 xörək qaşığı balzam sirkəsi

Duz

1 funt linguine

6 təzə reyhan yarpağı, yığılmış və nazik lentlərə kəsilmişdir

1. Bir qida prosessorunda və ya qarışdırıcıda pomidor və sarımsağı birləşdirin və çox incə doğranana qədər emal edin. Yavaş-yavaş yağ və sirkə əlavə edin və hamarlanana qədər qarışdırın. Ədviyyat üçün dadın.

2. Böyük bir qazanda ən azı 4 litr su qaynatın. 2 xörək qaşığı duz, sonra makaron əlavə edin, makaron tamamilə su ilə örtülənə qədər yavaşca aşağı itələyin. Yaxşı qarışdırın. Makaron al dente, yumşaq, lakin dişləməsi üçün möhkəm olana qədər tez-tez qarışdıraraq yüksək odda bişirin. Pişirmə suyunun bir hissəsini kənara qoyun. Pastanı boşaltın.

3. Böyük bir qabda, makaronu pomidor sousu və təzə reyhan ilə atın, lazım olduqda bir az qorunan makaron suyunu əlavə edin. Dərhal xidmət edin.

Variasiya: Makaron və sousa bir qutu süzülmüş zeytun yağı ilə dolu tuna balığı əlavə edin. Və ya doğranmış qara zeytun və ya hamsi əlavə edin.

Bibər, Pecorino və reyhan ilə spagetti

Peperoni ilə spagetti

4-6 porsiya təşkil edir

Spagetti, linguine və ya digər uzun makaronları qaşıq və çəngəl ilə yemək İtaliyada yaxşı davranış sayılmır, nə də ipləri qısaca kəsmək. Uşaqlara lap kiçik yaşlarından makarondan bir neçə tel çəngəl ətrafında fırladıb səliqəli şəkildə sökmədən yemək öyrədilir.

Bir hekayəyə görə, üç çəngəlli çəngəl XIX əsrin ortalarında bu məqsədlə icad edilmişdir. O vaxta qədər makaron həmişə əllə yeyilirdi və çəngəllərin yalnız iki dişi var idi, çünki onlar əsasən ət nizələmək üçün istifadə olunurdu. Neapol kralı II Ferdinand öz kamerası Cesare Spadaccini-dən saray banketlərində uzun makaron təqdim etmək üçün bir üsul icad etməyi xahiş etdi. Spadaccini üç dişli bir çəngəl ilə gəldi, qalanı isə tarixdir.

Təzə isti çili Calabrian mətbəxinə xasdır. Burada onlar bolqar bibəri ilə birləşdirilir və spagetti ilə verilir. Qızardılmış pecorino, bolqar bibəri və fesləğen şirinliyinə gözəl, duzlu bir kontrastdır.

¼ stəkan zeytun yağı

4 böyük qırmızı bolqar bibəri, nazik zolaqlara kəsilmişdir

1 və ya 2 kiçik təzə çili, toxumlanmış və doğranmış və ya bir çimdik doğranmış qırmızı bibər

Duz

2 diş sarımsaq, incə dilimlənmiş

12 təzə reyhan yarpağı, nazik lentlərə kəsilmişdir

1/3 fincan təzə qızardılmış Pecorino Romano

1 funt spagetti

1. Bişmiş makaronu saxlamaq üçün kifayət qədər böyük bir tavada yağı orta istilikdə qızdırın. Bibər, bibər və duz əlavə edin. Bəzən qarışdıraraq 10 dəqiqə bişirin.

2. Sarımsağı qarışdırın. Üzərini örtün və 10 dəqiqə daha çox və ya bibər çox yumşaq olana qədər bişirin. İstidən çıxarın və reyhan əlavə edin.

3. Böyük bir qazanda ən azı 4 litr su qaynatın. 2 xörək qaşığı duz, sonra makaron əlavə edin, makaron tamamilə su ilə örtülənə qədər yavaşca aşağı itələyin. Yaxşı qarışdırın. Tez-tez qarışdıraraq, spagetti al dente, tender, lakin dişləmə üçün möhkəm olana qədər bişirin. Pişirmə suyunun bir hissəsini kənara qoyun. Makaronu süzün və souslu tavaya əlavə edin.

4. Daim qarışdıraraq orta istilikdə 1 dəqiqə bişirin. Bir az qorunan makaron suyunu əlavə edərək yaxşıca qarışdırın. Pendir əlavə edin və yenidən atın. Dərhal xidmət edin.

Zucchini, Fesleğen və Yumurta ilə Penne

Penne con Zucchine və Uova

4-6 porsiya təşkil edir

Makaronun Çində "icad edildiyi" və İtaliyaya Marko Polo tərəfindən gətirildiyi barədə mif davamlıdır. Polo ziyarət edərkən Çində əriştə yeyilmiş ola bilsə də, makaron İtaliyada onun 1279-cu ildə Venesiyaya qayıtmasından xeyli əvvəl məşhur idi. Arxeoloqlar müasir makaron hazırlayan alətlərə, məsələn, yuvarlanan sancaq və çəngəl kimi təsvirlər və yemək alətləri tapdılar. kəsici çarx, eramızdan əvvəl dördüncü əsrə aid Etrusk türbəsi, Romanın şimalında. Əfsanə, ehtimal ki, Hollivudun 1930-cu illərdə Gary Cooper-in baş rolda oynadığı filmdə Venesiya kəşfiyyatçısının təsviri ilə əlaqələndirilə bilər.

Bu Neapolitan reseptində, makaron və tərəvəzlərin istiliyi yumurtaları sadəcə qaymaqlı və yüngülcə bərkidilənə qədər bişirir.

4 orta balqabaq (təxminən 1 1/4 funt), təmizlənmişdir

1/3 stəkan zeytun yağı

1 kiçik soğan, incə doğranmışdır

Duz və təzə üyüdülmüş qara bibər

3 böyük yumurta

½ fincan təzə qızardılmış Pecorino Romano və ya Parmigiano-Reggiano

1 funt penne

½ fincan cırılmış təzə reyhan və ya cəfəri

1. Balqabağı təxminən 11/2 düym uzunluğunda 1/4 düym qalınlığında çubuqlara kəsin. Parçaları qurutun.

2. Bişmiş makaronu saxlamaq üçün kifayət qədər böyük bir tavaya yağı tökün. Soğanı əlavə edin və orta istilikdə, bəzən qarışdıraraq, yumşalana qədər təxminən 5 dəqiqə bişirin. Balqabaq əlavə edin və tez-tez qarışdıraraq, təxminən 10 dəqiqə qızardıncaya qədər bişirin. Dadmaq üçün duz və istiot əlavə edin.

3. Orta qabda yumurtaları pendir və dadmaq üçün duz və istiot ilə döyün.

4. Balqabaq bişirilərkən, böyük bir qazanda təxminən 4 litr su qaynatın. 2 xörək qaşığı duz və makaron əlavə edin. Yaxşı qarışdırın. Makaron al dente, yumşaq, lakin dişləməsi üçün möhkəm olana qədər tez-tez qarışdıraraq yüksək odda bişirin.

Pişirmə suyunun bir hissəsini kənara qoyun. Makaronu süzün və souslu tavaya əlavə edin.

5. Makaronu yumurta qarışığı ilə qarışdırın. Fesleğen əlavə edin və yaxşıca qarışdırın. Makaron quru görünürsə, bir az qaynar su əlavə edin. Bol üyüdülmüş bibər əlavə edin və dərhal xidmət edin.

Noxud və yumurta ilə makaron

Piselli üçün makaron

4 porsiya hazırlayır

Mən uşaq olanda anam tez-tez bu köhnə yeməyi bişirərdi. O, konservləşdirilmiş noxuddan istifadə edirdi, mən isə dondurulmuş noxuddan istifadə etməyi xoşlayıram, çünki onlar daha təravətli dadı və daha möhkəm teksturaya malikdir. Spagettini kiçik parçalara ayırmaq ənənəyə zidd görünə bilər, lakin bu, bu reseptin mənşəyinə dair bir ipucudur. İnsanlar kasıb olanda və yemək üçün çoxlu ağızlar olanda, əlavə su əlavə edib şorba hazırlamaqla inqrediyentləri asanlıqla uzatmaq olardı.

Dondurucuda bir paket noxud, kilerdə makaron və soyuducuda bir-iki yumurta olmayan nadir hallarda olduğum üçün bu, istənilən vaxt yığa biləcəyim gözlənilən yeməklərdən biridir. Noxud, yumurta və makaron daha doyurucu olduğundan, mən ümumiyyətlə bu məbləği 4 porsiyaya hazırlayıram. 6-8 porsiya istəyirsinizsə, tam bir kilo makaron əlavə edin.

¼ stəkan zeytun yağı

1 böyük soğan, incə doğranmışdır

1 (10 unsiya) paket dondurulmuş xırda noxud, qismən əridilmiş

Duz və təzə üyüdülmüş qara bibər

2 böyük yumurta

½ fincan təzə rəndələnmiş Parmigiano-Reggiano

½ funt spagetti və ya linguine, 2 düymlük uzunluğa bölünür

1. Makaronu saxlamaq üçün kifayət qədər böyük bir tavaya yağı tökün. Soğanı əlavə edin və orta istilikdə bişirin, bəzən qarışdıraraq, soğan yumşaq və yüngülcə qızarana qədər, təxminən 12 dəqiqə. Noxudları qarışdırın və noxud yumşaq olana qədər təxminən 5 dəqiqə daha bişirin. Duz və istiot əlavə edin.

2. Orta qabda yumurtaları pendir və dadmaq üçün duz və istiot ilə döyün.

3. Böyük bir qazanda ən azı 4 litr su qaynatın. 2 xörək qaşığı duz, sonra makaron əlavə edin. Yaxşı qarışdırın. Tez-tez qarışdıraraq, makaron yumuşayana qədər, lakin bir qədər az bişirilənə qədər yüksək istilikdə bişirin. Pişirmə suyunun bir hissəsini saxlayaraq, makaronu boşaltın.

4. Makaronu noxud ilə tavaya qarışdırın. Yumurta qarışığını əlavə edin və yavaş odda, davamlı qarışdıraraq, təxminən 2 dəqiqə, yumurtalar yüngülcə qurulana qədər bişirin. Makaron quru görünürsə, bir az qaynar su əlavə edin. Dərhal xidmət edin.

Yaşıl lobya, pomidor və reyhan ilə Linguine

Lingiune con Fagiolini

4-6 porsiya təşkil edir

Ricotta salata rikottanın duzlu və preslənmiş formasıdır. Əgər tapa bilmirsinizsə, yumşaq, duzsuz feta pendiri və ya təzə rikotta və qızardılmış pecorino ilə əvəz edin. Bu makaron Puglia üçün xarakterikdir.

12 unsiya yaşıl lobya, kəsilmiş

Duz

¼ stəkan zeytun yağı

1 diş sarımsaq, incə doğranmışdır

5 orta pomidor, soyulmuş, toxumlanmış və doğranmış (təxminən 3 stəkan)

Təzə üyüdülmüş qara bibər

1 funt linguine

½ fincan doğranmış təzə reyhan

1 stəkan qızardılmış ricotta salata, yumşaq feta və ya təzə rikotta

1. Təxminən 4 litr su qaynadək gətirin. Dadmaq üçün yaşıl lobya və duz əlavə edin. 5 dəqiqə və ya xırtıldayan qədər bişirin. Yaşıl lobyaları yivli qaşıq və ya süzgəclə çıxarın, suyu ehtiyatda saxlayın. Lobyaları qurutun. Fasulyeləri 1 düym uzunluğunda kəsin.

2. Bişmiş makaronu saxlamaq üçün kifayət qədər böyük bir tavaya yağı tökün. Sarımsağı əlavə edin və təxminən 2 dəqiqə yüngül qızılı olana qədər orta-aşağı odda bişirin.

3. Dadmaq üçün pomidor və duz və istiot əlavə edin. Pomidorlar qalınlaşana və şirələr buxarlanana qədər hərdən qarışdıraraq bişirin. Fasulye ilə qarışdırın. 5 dəqiqə daha qaynadın.

4. Bu vaxt, su qabını yenidən qaynadək gətirin. 2 xörək qaşığı duz, sonra linguine əlavə edin, makaron tamamilə su ilə örtülənə qədər yumşaq bir şəkildə aşağı itələyin. Makaron al dente, yumşaq, lakin dişləməsi üçün möhkəm olana qədər tez-tez qarışdıraraq yüksək odda bişirin. Pişirmə suyunun bir hissəsini kənara qoyun. Makaronu süzün və souslu tavaya əlavə edin.

5. Linqvini sousla tavaya atın. Fesleğen və pendir əlavə edin və pendir qaymaqlı olana qədər yenidən orta odda atın. Dərhal xidmət edin.

Kartof Kremi və Arugula ilə Kiçik Qulaqlar

Crema di Patate ilə Orecchiette

4-6 porsiya təşkil edir

Vəhşi arugula Puglia'nın hər yerində böyüyür. Xırtıldayan, dar, mişar dişli yarpağı və cəlbedici qoz ləzzəti ilə. Yarpaqları həm çiy, həm də bişmiş, tez-tez makaronla yeyilir. Kartof nişastalıdır, lakin İtaliyada onlara başqa tərəvəz kimi baxılır, buna görə də onlara makaronla, xüsusən də Puglia-da xidmət etməkdən çəkinmirlər. Kartoflar bişənə qədər bişirilir, sonra qaynar su ilə qaymaq halına gələnə qədər əzilir.

2 orta qaynadılmış kartof, təxminən 12 unsiya

Duz

¼ stəkan zeytun yağı

1 diş sarımsaq, incə doğranmışdır

1 funt orecchiette və ya qabıqlar

2 dəstə arugula (təxminən 8 unsiya), sərt gövdələri çıxarılır, yuyulur və süzülür

Duz və təzə üyüdülmüş qara bibər

1. Kartofu soyun və dadmaq üçün duz və örtmək üçün soyuq su ilə kiçik bir qazana qoyun. Suyu bir qaynadək gətirin və iti bıçaqla deşdiyiniz zaman kartofu təxminən 20 dəqiqə bişənə qədər bişirin. Kartofları süzün, suyu ehtiyatda saxlayın.

2. Orta ölçülü bir qazana yağı tökün. Sarımsağı əlavə edin və sarımsaq qızılı olana qədər orta istilikdə təxminən 2 dəqiqə bişirin. İstidən çıxarın. Kartofu əlavə edin və nazik bir "krem" etmək üçün təxminən bir stəkan qorunan su ilə qarışdıraraq püresi və ya çəngəl ilə yaxşıca əzin. Duz və istiot əlavə edin.

3. 4 litr su qaynadək gətirin. 2 xörək qaşığı duz, sonra makaron əlavə edin. Yaxşı qarışdırın. Makaron al dente, yumşaq, lakin dişləmə üçün möhkəm olana qədər tez-tez qarışdıraraq yüksək odda bişirin. Arugula əlavə edin və bir dəfə qarışdırın. Makaron və rukkolayı boşaltın.

4. Makaron və rukkolayı qazana qaytarın və kartof sousunu əlavə edin. Bişirin və aşağı istilikdə qarışdırın, lazım olduqda bir az daha çox kartof suyu əlavə edin. Dərhal xidmət edin.

Makaron və Kartof

Pasta və Patate

6 porsiya hazırlayır

Lobya və ya mərciməkli makaron kimi, makaron və kartof da la cucina povera-nın gözəl nümunəsidir, bir neçə təvazökar inqrediyent götürüb onları ləzzətli yeməklərə çevirmək üçün İtaliyanın cənub yoludur. Vaxt həqiqətən arıq olanda və yemək üçün çoxlu ağızlar olanda, adət əlavə su əlavə etmək idi, adətən tərəvəz bişirməkdən və ya makaron qaynatmaqdan qalan maye, bu qabları daha da irəli getmələri üçün makarondan şorbaya uzatmaq idi.

¼ stəkan zeytun yağı

1 orta kök, doğranmış

1 orta kərəviz qabırğası, doğranmışdır

1 orta soğan, doğranmış

2 diş sarımsaq, incə doğranmışdır

2 xörək qaşığı doğranmış təzə düz yarpaqlı cəfəri

3 xörək qaşığı tomat pastası

Duz və təzə üyüdülmüş qara bibər

1 1/2 funt qaynar kartof, soyulmuş və doğranmışdır

1 funt tubetti və ya kiçik qabıqlar

1/2 fincan təzə qızardılmış Pecorino Romano və ya Parmigiano-Reggiano

1. Böyük bir qazana yağı tökün və kartofdan başqa doğranmış inqredientləri əlavə edin. Orta istilikdə, bəzən qarışdıraraq, tender və qızılı olana qədər təxminən 15-20 dəqiqə bişirin.

2. Dadmaq üçün tomat pastası və duz və istiot əlavə edin. Kartof və 4 stəkan su əlavə edin. Bir qaynağa gətirin və kartof çox yumşaq olana qədər bişirin, təxminən 30 dəqiqə. Kartofun bir hissəsini qaşıq arxası ilə əzin.

3. Böyük bir qazanda təxminən 4 litr su qaynatın. 2 xörək qaşığı duz, sonra makaron əlavə edin. Yaxşı qarışdırın. Tez-tez qarışdıraraq, makaron al dente, yumşaq, lakin dişləməsi üçün möhkəm olana qədər bişirin. Pişirmə suyunun bir hissəsini kənara qoyun. Makaronu kartof qarışığına qarışdırın. Lazım gələrsə, ehtiyatda olan yemək suyunun bir hissəsini əlavə edin, lakin qarışıq kifayət qədər qalın qalmalıdır. Pendirlə qarışdırın və dərhal xidmət edin.

Gül kələm və pendir ilə qabıqlar

Conchiglie al Cavolfiore

6 porsiya edir

Çox yönlü gül kələm İtaliyanın cənubunda bir çox makaron yeməklərinin ulduzudur. Siciliyada yerli bənövşəyi rəngli gül kələmindən bu sadə yeməyi hazırlamışdıq.

½ stəkan zeytun yağı

1 orta soğan, incə doğranmışdır

1 orta gül kələm, kəsilmiş və dişlək ölçülü çiçəklərə kəsilmişdir

Duz

2 xörək qaşığı doğranmış təzə düz yarpaqlı cəfəri

Təzə üyüdülmüş qara bibər

1 funt qabıqlar

¾ fincan təzə qızardılmış Pecorino Romano

1. Bişmiş makaronu saxlamaq üçün kifayət qədər böyük bir tavaya yağı tökün. Soğanı əlavə edin və orta istilikdə 5 dəqiqə bişirin.

Dadmaq üçün gül kələm və duz əlavə edin. Üzərini örtün və 15 dəqiqə və ya gül kələm yumşalana qədər bişirin. Dadmaq üçün cəfəri və qara bibər əlavə edin.

2.Böyük bir qazanda ən azı 4 litr su qaynatın. 2 xörək qaşığı duz, sonra makaron əlavə edin. Yaxşı qarışdırın. Makaron al dente, yumşaq, lakin dişləmə üçün möhkəm olana qədər tez-tez qarışdıraraq yüksək odda bişirin. Pişirmə suyunun bir hissəsini saxlayaraq, makaronu boşaltın.

3.Makaronu gül kələm ilə tavaya əlavə edin və orta istilikdə yaxşıca qarışdırın. Lazım gələrsə, yemək suyunun bir hissəsini əlavə edin. Pendir əlavə edin və qara bibərin səxavətli üyüdülməsi ilə yenidən atın. Dərhal xidmət edin.

Gül kələm, zəfəran və qarağat ilə makaron

Arriminati makaron

6 porsiya hazırlayır

Siciliya gül kələm sortları bənövşəyi-ağdan noxud yaşılına qədər dəyişir və təzə yığılan payız və qışda ecazkar bir ləzzətə malikdir. Bu, bir neçə Siciliya makaron və gül kələm birləşmələrindən biridir. Zəfəran qızılı sarı rəng və incə dad verir, qarağat və hamsi isə şirinlik və duzluluq verir. Qızardılmış çörək qırıntıları son toxunuş kimi yumşaq bir xırtıldama təmin edir.

1 çay qaşığı zəfəran sapları

2/3 fincan qarağat və ya tünd kişmiş

Duz

1 böyük gül kələm (təxminən 2 funt), kəsilmiş və çiçəklərə kəsilmişdir

1/3 stəkan zeytun yağı

1 orta soğan, incə doğranmışdır

6 hamsi filesi, süzülmüş və doğranmışdır

Təzə üyüdülmüş qara bibər

⅓ stəkan şam qozu, yüngül qızardılmış

1 funt penne və ya qabıqlar

¼ stəkan qızardılmış adi çörək qırıntıları

1. Kiçik bir qabda zəfəran saplarını 2 xörək qaşığı qaynar su ilə səpin. Qarağatları örtmək üçün isti su ilə başqa bir qaba qoyun. Hər ikisini təxminən 10 dəqiqə dayanmasına icazə verin.

2. Böyük bir qazanda ən azı 4 litr su qaynatın. 2 xörək qaşığı duz və gül kələm əlavə edin. Tez-tez qarışdıraraq, gül kələmi bıçaqla deşildikdə çox yumşaq olana qədər təxminən 10 dəqiqə bişirin. Karnabaharı yivli bir qaşıq ilə çıxarın, makaronu bişirmək üçün suyu ehtiyatda saxlayın.

3. Bişmiş makaronu saxlamaq üçün kifayət qədər böyük bir tavaya yağı tökün. Soğanı əlavə edin və orta istilikdə 10 dəqiqə bişirin. Hamsi əlavə edin və həll olunana qədər tez-tez qarışdıraraq 2 dəqiqə daha bişirin. Zəfəran və islatma mayesini qarışdırın. Qarağatları süzün və tavaya əlavə edin.

4. Bişmiş gül kələmini qarışdırın. Yemək suyunun bir hissəsini götürün və gül kələmi ilə tavaya əlavə edin. 10 dəqiqə bişirin, gül kələmini qaşığın arxası ilə doğrayın, xırda hissələrə bölün.

Dadmaq üçün duz və istiot əlavə edin. Şam fındıqlarını qarışdırın.

5. Gül kələm bişərkən, bişmiş suyu yenidən qaynadək gətirin. Pastanı əlavə edib yaxşıca qarışdırın. Makaron al dente, yumşaq, lakin dişləməsi üçün möhkəm olana qədər tez-tez qarışdıraraq yüksək odda bişirin. Pişirmə suyunun bir hissəsini kənara qoyun. Pastanı süzün, sonra gül kələm qarışığı ilə tavaya əlavə edin. Makaron quru görünürsə, yaxşıca qarışdırın, yemək suyunun bir hissəsini əlavə edin.

6. Makaronu qızardılmış çörək qırıntıları ilə səpərək xidmət edin.

Ənginar və noxud ilə papyon

Farfalle con Carciofi

4-6 porsiya təşkil edir

Bir çox İtaliya kurortları qış ayları üçün bağlansa da, əksəriyyəti Pasxa bayramı üçün açılır. Bir il Portofinoda havanın yağışlı və soyuq olmasına baxmayaraq, mən orada olanda belə idi. Nəhayət, səma açıldı, günəş çıxdı və mən və ərim otelimizin dənizə baxan terasında nahar edə bildik.

Bu makaronla başladıq, ardınca zeytun ilə qovrulmuş bütöv bir balıq. Desert limonlu tort idi. Bu, mükəmməl Pasxa yeməyi idi.

Körpə artishokları yoxdursa, daha böyük artishokları əvəz edin, dilimlərə kəsin.

1 funt körpə artishoku

2 xörək qaşığı zeytun yağı

1 kiçik soğan, incə doğranmışdır

1 diş sarımsaq, incə doğranmışdır

Duz və təzə üyüdülmüş qara bibər

2 stəkan təzə noxud və ya 1 (10 unsiya) paket dondurulmuş

1/2 fincan doğranmış təzə reyhan və ya düz yarpaqlı cəfəri

1 funt farfalle

1/2 fincan təzə rəndələnmiş Parmigiano-Reggiano

1. Böyük bir bıçaqla, artishokların üst 1 düymünü kəsin. Onları soyuq su altında yaxşıca yuyun. Geri əyilmək və baza ətrafında kiçik yarpaqları kəsmək. Qayçı ilə, qalan yarpaqların uclu zirvələrini kəsin. Sapların və əsasın ətrafındakı sərt xarici qabığını soyun. Artishokları yarıya bölün. Mərkəzdəki qeyri-səlis yarpaqları çıxarmaq üçün yuvarlaq bir ucu olan kiçik bir bıçaqdan istifadə edin. Artishokları incə doğrayın.

2. Zeytun yağını bişmiş makaronu saxlamaq üçün kifayət qədər böyük bir tavaya tökün. Soğan və sarımsağı əlavə edin və hərdən qarışdıraraq orta istilikdə 10 dəqiqə bişirin. Ənginar və 2 xörək qaşığı su əlavə edin. Dadmaq üçün duz və istiot əlavə edin. 10 dəqiqə və ya artishoklar yumşaq olana qədər bişirin.

3. Noxudla qarışdırın. 5 dəqiqə və ya noxud yumşaq olana qədər bişirin. İstidən çıxarın və reyhan əlavə edin.

4. Ən azı 4 litr su qaynadək gətirin. 2 xörək qaşığı duz, sonra makaron əlavə edin. Yaxşı qarışdırın. Tez-tez qarışdıraraq,

makaron al dente, yumşaq, lakin dişləməsi üçün möhkəm olana qədər bişirin. Pişirmə suyunun bir hissəsini kənara qoyun. Pastanı boşaltın.

5.Lazım gələrsə, makaronu artishok sousu və bir az qaynar su ilə səpin. Bir az sızma zeytun yağı əlavə edin və yenidən atın. Pendirlə qarışdırın və dərhal xidmət edin.

Enginar və Porcini ilə Fettuccine

Carciofi və Porcini üçün Fettuccine

4-6 porsiya təşkil edir

Enginar və porcini qeyri-adi birləşmə kimi səslənə bilər, amma bu makaronu yediyim Liquriyada yox. Bu yemək çox dadlı olduğu üçün sürtgəcdən keçirilmiş pendirə ehtiyac yoxdur, xüsusən də onu yaxşı sızma zeytun yağı ilə bitirsəniz.

1 unsiya qurudulmuş porcini göbələkləri

1 stəkan isti su

1 funt artishok

¼ stəkan zeytun yağı

1 kiçik soğan, doğranmış

1 diş sarımsaq, çox incə doğranmışdır

2 xörək qaşığı doğranmış təzə düz yarpaqlı cəfəri

1 stəkan soyulmuş, toxumlanmış və doğranmış təzə pomidor və ya süzülmüş və doğranmış konservləşdirilmiş idxal edilmiş İtalyan pomidorları

Duz və təzə üyüdülmüş qara bibər

1 funt qurudulmuş fettuccine

Ekstra bakirə zeytun yağı

1. Göbələkləri suya qoyun və 30 dəqiqə buraxın. Göbələkləri sudan qaldırın, mayeni qoruyun. Göbələkləri soyuq axan suyun altında yuyun, torpağın toplandığı gövdələrin uclarına xüsusi diqqət yetirərək, hər hansı bir qumu çıxarın. Göbələkləri incə doğrayın. Göbələk mayesini bir qaba süzün. Kənara yığmaq.

2. Böyük bir bıçaqla, artishokların üst 1 düymünü kəsin. Onları soyuq su altında yaxşıca yuyun. Geri əyilmək və baza ətrafında kiçik yarpaqları kəsmək. Qayçı ilə, qalan yarpaqların uclu zirvələrini kəsin. Sapların və əsasın ətrafındakı sərt xarici qabığını soyun. Artishokları yarıya bölün. Mərkəzdəki qeyri-səlis yarpaqları çıxarmaq üçün kiçik bir bıçaq istifadə edin. Artishokları incə doğrayın.

3. Bişmiş makaronu saxlamaq üçün kifayət qədər böyük bir tavaya yağı tökün. Soğan, göbələk, cəfəri və sarımsağı əlavə edin və orta istilikdə 10 dəqiqə bişirin. Dadmaq üçün artishok, pomidor və duz və istiot əlavə edin. 10 dəqiqə bişirin. Göbələk mayesini əlavə edin və 10 dəqiqə daha çox və ya bıçaqla sınandıqda artishoklar yumşaq olana qədər bişirin.

4. Böyük bir qazanda 4 litr su qaynatın. 2 xörək qaşığı duz, sonra makaron əlavə edin. Yaxşı qarışdırın. Makaron al dente, yumşaq, lakin dişləməsi üçün möhkəm olana qədər tez-tez qarışdıraraq yüksək odda bişirin. Pişirmə suyunun bir hissəsini kənara qoyun. Pastanı boşaltın.

5. Lazım gələrsə, makaronu sous və bir az qaynar su ilə səpin. Üzərinə zeytun yağı tökün və dərhal xidmət edin.

Badımcan Ragù ilə Rigatoni

Rigatoni Ragù di Melanzane ilə

4-6 porsiya təşkil edir

Ət adətən ragù hazırlamaq üçün pomidor sousuna əlavə edilir, lakin Basilicata-nın bu vegetarian variantı eyni dərəcədə zəngin və dadlı olduğu üçün badımcandan istifadə edir.

Riqarigatoni və ya penne rigate kimi bir makaron forması adında, sous üçün tutucu rolunu oynayan silsilələrə sahib olduğunu göstərir. Rigatoni böyük, yivli makaron borularıdır. Onların qalınlığı və böyük forması doyurucu cır-cındırları qalın inqrediyentlərlə tamamlayır.

¼ stəkan zeytun yağı

¼ stəkan doğranmış soğan

4 stəkan doğranmış badımcan

½ stəkan doğranmış qırmızı bolqar bibəri

½ stəkan quru ağ şərab

1½ funt gavalı pomidoru, qabığı soyulmuş, toxumu soyulmuş və doğranmış və ya 2 stəkan konservləşdirilmiş idxal edilmiş İtalyan pomidoru öz suyu ilə

Bir budaq təzə kəklikotu

Duz

Təzə üyüdülmüş qara bibər

1 funt riqatoni, penne və ya farfalle

Sızma üçün zeytun yağı

1. Yağı böyük, ağır bir tavaya tökün. Soğanları əlavə edin və orta istilikdə 1 dəqiqə bişirin. Badımcan və qırmızı bibər əlavə edin. Tez-tez qarışdıraraq, tərəvəzlər quruyana qədər təxminən 10 dəqiqə bişirin.

2. Şərabı əlavə edin və buxarlanana qədər 1 dəqiqə bişirin.

3. Zövqə görə pomidor, kəklikotu, duz və istiot əlavə edin. İstiliyi minimuma endirin. Bəzən qarışdıraraq, 40 dəqiqə və ya sous qalınlaşana və tərəvəzlər çox yumşaq olana qədər bişirin. Qarışıq çox quru olarsa, bir az su ilə qarışdırın. Kəklikotunu çıxarın.

4. Böyük bir qazanda ən azı 4 litr su qaynatın. 2 xörək qaşığı duz, sonra makaron əlavə edin. Yaxşı qarışdırın. Makaron al dente, yumşaq, lakin dişləməsi üçün möhkəm olana qədər tez-tez

qarışdıraraq yüksək odda bişirin. Pişirmə suyunun bir hissəsini kənara qoyun. Pastanı süzün və isti bir xidmət qabına köçürün.

5. Sousu üzərinə qaşıqlayın və yaxşıca qarışdırın, lazım olduqda bir az qaynar su əlavə edin. Bir az sızma zeytun yağı ilə çiləyin və yenidən atın. Dərhal xidmət edin.

Badımcanlı Siciliya Spagetti

Spagetti alla Norma

4-6 porsiya təşkil edir

Norma Siciliyalı Vinçenzo Bellininin bəstələdiyi gözəl operanın adıdır. Siciliyada sevimli tərəvəz olan badımcanla hazırlanan bu makaron operanın şərəfinə adlandırılmışdır.

Ricotta salata, yemək pendiri kimi dilimlənmiş və ya makaron üzərində sürtgəcdən keçirilmiş ricottanın preslənmiş formasıdır. Siciliyadan kənarda heç vaxt görmədiyim halda, xüsusilə dadlı olan hisə verilmiş versiyası da var. Ricotta salata tapa bilmirsinizsə, çox oxşar olan feta ilə əvəz edin və ya Pecorino Romano istifadə edin.

1 orta badımcan, kəsilmiş və 1/4 düym qalınlığında dilimlərə kəsilmişdir

Duz

Qızartmaq üçün zeytun yağı

2 diş sarımsaq, yüngülcə əzilmiş

Bir çimdik doğranmış qırmızı bibər

3 funt yetişmiş gavalı pomidoru, qabığı soyulmuş, toxumlanmış və doğranmış və ya 1 (28 unsiya) italyan qabığı soyulmuş pomidor, süzülmüş və doğranmışdır

6 təzə reyhan yarpağı

1 funt spagetti

1 stəkan qızardılmış ricotta salata və ya Pecorino Romano

1. Badımcan dilimlərini boşqabın üzərinə qoyulmuş süzgəcdə qatlayın, hər qatına duz səpin. 30 ilə 60 dəqiqə dayanmasına icazə verin. Badımcanı yuyun və kağız dəsmallarla çox qurudun.

2. Dərin, ağır tavaya təxminən 1/2 düym yağı tökün. Tavaya qoyulanda badımcanın kiçik bir parçası cızıldayana qədər yağı orta istilikdə qızdırın. Badımcan dilimlərini hər iki tərəfi qızılı rəng alana qədər bir neçə dəfə qızardın. Kağız dəsmallara süzün.

3. Orta tavaya 3 xörək qaşığı yağ tökün. Sarımsaq və doğranmış qırmızı bibər əlavə edin və sarımsaq dərin qızılı olana qədər orta istilikdə təxminən 4 dəqiqə bişirin. Sarımsağı çıxarın. Dadmaq üçün pomidor və duz əlavə edin. İstiliyi minimuma endirin və 20-30 dəqiqə və ya sous qalınlaşana qədər bişirin. Fesleğenlə qarışdırın və ocağı söndürün.

4. Böyük bir qazanda ən azı 4 litr su qaynatın. 2 xörək qaşığı duz, sonra makaron əlavə edin. Yaxşı qarışdırın. Makaron al dente, yumşaq, lakin dişləmə üçün möhkəm olana qədər tez-tez qarışdıraraq yüksək odda bişirin. Pişirmə suyunun bir hissəsini kənara qoyun. Pastanı boşaltın.

5. Makaronu sousla birlikdə isti bir xidmət qabına tökün, lazım olduqda bir az qaynar su əlavə edin. Pendir əlavə edin və yenidən atın. Üstünə badımcan dilimləri qoyun və dərhal xidmət edin.

Brokoli, Pomidor, Şam Fıstığı və Kişmiş ilə papyon

Farfalle alla Sicilian

4-6 porsiya təşkil edir

Şam fıstığı bu ləzzətli Siciliya makaronuna xoş xırtıldama, kişmiş isə şirinlik gətirir. Brokoli makaronla eyni qazanda bişirilir, buna görə də onların ləzzətləri həqiqətən birləşir. Əgər özünüzü gavalı çeşidinin əvəzinə iri yuvarlaq pomidorla görürsünüzsə, onları əvəz edə bilərsiniz, baxmayaraq ki, sous daha incə olacaq və bir az daha uzun bişirmə tələb oluna bilər.

⅓ stəkan zeytun yağı

2 diş sarımsaq, incə doğranmışdır

Bir çimdik doğranmış qırmızı bibər

2 1/2 funt təzə gavalı pomidoru (təxminən 15), soyulmuş, toxumlanmış və doğranmış

Duz və təzə üyüdülmüş qara bibər

2 xörək qaşığı kişmiş

1 funt farfalle

1 orta dəstə brokkoli, gövdələri çıxarılır və kiçik çiçəklərə kəsilir

2 xörək qaşığı qızardılmış şam fıstığı

1. Makaronu saxlamaq üçün kifayət qədər böyük bir tavaya yağı tökün. Sarımsaq və doğranmış qırmızı bibər əlavə edin. Sarımsaq qızılı olana qədər orta istilikdə təxminən 2 dəqiqə bişirin. Dadmaq üçün pomidor və duz və istiot əlavə edin. Bir qaynağa gətirin və sousu qalınlaşana qədər bişirin, 15-20 dəqiqə. Üzümü qarışdırın və oddan çıxarın.

2. Böyük bir qazanda ən azı 4 litr su qaynatın. 2 xörək qaşığı duz, sonra makaron əlavə edin. Yaxşı qarışdırın. Su qaynayana qədər tez-tez qarışdıraraq bişirin.

3. Brokolini makarnaya əlavə edin. Tez-tez qarışdıraraq, makaron al dente, yumşaq, lakin dişləmə üçün möhkəm olana qədər bişirin. Pişirmə suyunun bir hissəsini kənara qoyun.

4. Makaron və brokolini süzün. Onları pomidorla birlikdə tavaya əlavə edin, lazım olduqda bir az qaynar su əlavə edin. Yaxşı atın. Şam fıstığı ilə səpin və dərhal xidmət edin.

Sarımsaqlı Yaşıllar və Kartof ilə Cavatelli

Cavatelli və Verdure və Patate

4-6 porsiya təşkil edir

Yaşılları yumaq mənim sevimli işim olmaya bilər, amma yeməyimdə qıcıq tapmaq daha da pisdir, ona görə də onları ən azı üç dəfə yuyuram. Bu əziyyətə dəyər. Bu reseptdə yalnız bir çeşiddən istifadə edə bilərsiniz, lakin iki və ya üç müxtəlif yaşıllığın qarışığı yeməyə maraqlı tekstura və ləzzət əlavə edir.

Bu reseptdəki kartof kiçik parçalara kəsilməlidir ki, makaronla birlikdə bişirsinlər. Sonda, onlar bir qədər çox bişmiş və xırdalanmış və makaron üçün qaymaqlı hamarlıq əlavə edirlər.

Brokoli rabe, mizuna, xardal, kələm və ya dandelion kimi kəsilmiş 1 1/2 funt müxtəlif göyərtilər

Duz

1/3 stəkan zeytun yağı

4 diş sarımsaq, incə dilimlənmiş

Bir çimdik doğranmış qırmızı bibər

Duz və təzə üyüdülmüş qara bibər

1 funt kavatelli

1 funt qaynar kartof, soyulmuş və 1⁄2 düymlük parçalara kəsilmiş

1. Bir lavabonu və ya böyük bir qabı sərin su ilə doldurun. Yaşılları əlavə edin və suda qarışdırın. Yaşılları bir süzgəcə köçürün, suyu dəyişdirin, sonra qumun bütün izlərini aradan qaldırmaq üçün ən azı iki dəfə təkrarlayın.

2. Böyük bir qazan suyu qaynadək gətirin. Dadmaq üçün göyərti və duz əlavə edin. Yaşıllar yumşaq olana qədər, istifadə etdiyiniz növlərdən asılı olaraq 5-10 dəqiqə bişirin. Yaşılları süzün və soyuq axan suyun altında bir az sərinləyin. Yaşılları dilimlərə kəsin.

3. Bişmiş makaronu saxlamaq üçün kifayət qədər böyük bir tavaya yağı tökün. Sarımsaq və doğranmış qırmızı bibər əlavə edin. Sarımsaq qızılı olana qədər orta istilikdə 2 dəqiqə bişirin. Yaşılları və bir çimdik duz əlavə edin. Tərəvəzlər yağla örtülənə qədər qarışdıraraq bişirin, təxminən 5 dəqiqə.

4. Böyük bir qazanda ən azı 4 litr su qaynatın. 2 xörək qaşığı duz, sonra makaron əlavə edin. Su qaynayana qədər tez-tez qarışdıraraq bişirin. Kartofu əlavə edin və makaron al dente,

yumşaq, lakin dişləmə üçün möhkəm olana qədər bişirin.

Pişirmə suyunun bir hissəsini kənara qoyun. Pastanı boşaltın.

5. Yaşıllara makaron və kartof əlavə edin və yaxşıca qarışdırın. Makaron quru görünürsə, ehtiyatda olan yemək suyundan bir az əlavə edin. Dərhal xidmət edin.

Zucchini ilə Linguine

Linguine con Zucchine

4-6 porsiya təşkil edir

Hər hansı bir kiçik və orta balqabaq almaq istəyinə qarşı durun və ümidsizcə dachshund ölçülü balqabaq təklif edən bağban dostlarına təşəkkür edin. Nəhəng balqabaq sulu, toxumlu və dadsızdır, lakin sosiska uzunluğunda olanlar və düyüdən qalın olmayanlar yumşaq və dadlıdır.

Bu reseptdə İtaliyanın cənubundakı iti və kəskin qoyun südü pendiri olan Pecorino Romano xüsusilə xoşuma gəlir.

6 kiçik yaşıl və ya sarı zucchini (təxminən 2 funt)

⅓ stəkan zeytun yağı

3 diş sarımsaq, incə doğranmışdır

Duz və təzə üyüdülmüş qara bibər

¼ fincan doğranmış təzə reyhan

2 xörək qaşığı doğranmış təzə düz yarpaqlı cəfəri

1 xörək qaşığı doğranmış təzə kəklikotu

1 funt linguine

½ fincan təzə qızardılmış Pecorino Romano

1. Balqabağı soyuq suyun altında ovuşdurun. Uçlarını kəsin. Uzununa dörddə birinə, sonra dilimlərə kəsin.

2. Makaronu saxlamaq üçün kifayət qədər böyük bir tavada yağı orta istilikdə qızdırın. Balqabaq əlavə edin və hərdən qarışdıraraq, təxminən 10 dəqiqə qızardılmış və yumşaq olana qədər bişirin. Balqabağı qabın kənarına itələyin və sarımsaq, duz və istiot əlavə edin. 2 dəqiqə bişirin. Otları əlavə edin, balqabağı yenidən ədviyyatlara qarışdırın və sonra istidən çıxarın.

3. Balqabaq bişirilərkən, böyük bir qazanda 4 litr su qaynatın. 2 xörək qaşığı duz, sonra makaron əlavə edin. Yaxşı qarışdırın. Makaron al dente, yumşaq, lakin dişləmə üçün möhkəm olana qədər tez-tez qarışdıraraq yüksək odda bişirin. Pişirmə suyunun bir hissəsini kənara qoyun.

4. Pastanı boşaltın. Makaronu zucchini ilə tavaya qoyun. Yaxşıca qarışdırın, lazım olduqda bir az qaynar su əlavə edin. Pendir əlavə edin və yenidən atın. Dərhal xidmət edin.

Qril Tərəvəzli Penne

Pasta con Verdure alla Griglia

4-6 porsiya təşkil edir

Normalda qabığını badımcanların üzərinə qoysam da, qril dərini sərtləşdirir, ona görə də qrili yandırmazdan əvvəl qabığını çıxarıram. Həmçinin, badımcanlarınız təsərrüfatdan təzə deyilsə, tərəvəz yetişdikcə artan acılığı azaltmaq üçün bişirməzdən əvvəl onları duzlamaq istəyə bilərsiniz. Bunu etmək üçün, badımcanın qabığını soyun və dilimləyin, sonra dilimləri bir süzgəcdə qatlayın, hər təbəqəni qaba duz ilə səpin. Mayeni çıxarmaq üçün 30-60 dəqiqə dayanmasına icazə verin. Duzunu yuyun, qurudun və göstərişlərə uyğun olaraq bişirin.

2 kilo gavalı pomidor (təxminən 12)

Zeytun yağı

1 orta badımcan, soyulmuş və qalın dilimlərə kəsilmişdir

2 orta qırmızı və ya ağ şirin soğan, qalın dilimlənmişdir

Duz və təzə üyüdülmüş qara bibər

2 diş sarımsaq, çox incə doğranmışdır

12 yarpaq təzə reyhan, kiçik parçalara kəsilmiş

1 funt penne

½ fincan təzə qızardılmış Pecorino Romano

1. İstilik mənbəyindən təxminən 4 düym məsafədə bir barbekü qril və ya broyler rafı qoyun. Qril və ya broyleri əvvəlcədən qızdırın. Pomidorları qril üzərinə qoyun. Pomidorlar yumşalana və qabığı yüngülcə qızarana və boşalana qədər tez-tez maşa ilə çevirərək bişirin. Pomidorları çıxarın. Badımcan və soğan dilimlərini yağla yağlayın, duz və istiot səpin. Tərəvəzlər yumşaq və qızardılmış, lakin qaralmamış, hər tərəfdən təxminən 5 dəqiqə qızardın.

2. Pomidorun qabığını soyun və gövdə uclarını kəsin. Pomidorları böyük bir xidmət qabına qoyun və çəngəl ilə yaxşıca əzin. Sarımsaq, reyhan, 1/4 stəkan yağ, dadmaq üçün duz və istiot əlavə edin.

3. Badımcan və soğanı incə zolaqlara kəsin və pomidorlara əlavə edin.

4. Böyük bir qazanda ən azı 4 litr su qaynatın. 2 xörək qaşığı duz, sonra makaron əlavə edin. Yaxşı qarışdırın. Makaron al dente, yumşaq, lakin dişləmə üçün möhkəm olana qədər tez-tez

qarışdıraraq yüksək odda bişirin. Pişirmə mayesinin bir hissəsini kənara qoyun.

5. Pastanı boşaltın. Böyük bir qabda makaronu tərəvəzlərlə birlikdə atın. Makaron quru görünürsə, yemək suyundan bir az əlavə edin. Pendir əlavə edin və dərhal xidmət edin.

Göbələk, Sarımsaq və Rozmari ilə Penne

Penne con Funghi

4-6 porsiya təşkil edir

Bu reseptdə istədiyiniz hər növ göbələkdən istifadə edə bilərsiniz, məsələn, istiridye, şiitake, kremini və ya standart ağ çeşid. Bir birləşmə xüsusilə yaxşıdır. Əgər həqiqətən yabanı göbələkləriniz varsa, məsələn, morels, onları çox yaxşı təmizləməyinizə əmin olun, çünki onlar çox pis ola bilər.

¼ stəkan zeytun yağı

1 funt göbələk, incə dilimlənmiş

2 böyük sarımsaq, incə doğranmışdır

2 çay qaşığı çox incə doğranmış təzə rozmarin

Duz və təzə üyüdülmüş qara bibər

1 funt penne və ya farfalle

2 xörək qaşığı duzsuz kərə yağı

2 xörək qaşığı doğranmış təzə cəfəri

1. Makaronu saxlamaq üçün kifayət qədər böyük bir tavada yağı orta istilikdə qızdırın. Göbələk, sarımsaq və rozmarin əlavə edin. Göbələklər mayesini buraxmağa başlayana qədər tez-tez qarışdıraraq təxminən 10 dəqiqə bişirin. Dadmaq üçün duz və istiot əlavə edin. Tez-tez qarışdıraraq, göbələklər yüngülcə qızarana qədər, təxminən 5 dəqiqə daha bişirin.

2. Böyük bir qazanda ən azı 4 litr su qaynatın. 2 xörək qaşığı duz, sonra makaron əlavə edin. Yaxşı qarışdırın. Makaron al dente, yumşaq, lakin dişləmə üçün möhkəm olana qədər tez-tez qarışdıraraq yüksək odda bişirin. Pişirmə suyunun bir hissəsini kənara qoyun.

3. Pastanı boşaltın. Makaronu göbələk, kərə yağı və cəfəri ilə tavaya atın. Makaron quru görünürsə, bir az qaynar su əlavə edin. Dərhal xidmət edin.

Çuğundur və Sarımsaq ilə Linguine

Barbabietole üçün Linguine

4-6 porsiya təşkil edir

Makaron və çuğundur qeyri-adi birləşmə kimi səslənə bilər, lakin Emilia-Romagna sahilindəki kiçik bir şəhərdə onun dadına baxdığımdan bəri o, mənim sevimli yeməklərim olub. Təkcə dadlı deyil, həm də bildiyim ən gözəl makaron yeməklərindən biridir. Hər kəs onun heyrətamiz rənginə heyran olacaq. Bunu yazın sonu və payızın əvvəlində təzə qırmızı çuğundur ən şirin olduğu zaman edin.

8 orta qırmızı çuğundur, kəsilmiş

1/3 stəkan zeytun yağı

3 diş sarımsaq, incə doğranmışdır

Bir çimdik doğranmış qırmızı bibər və ya dadmaq üçün

Duz

1 funt linguine

1. Fırının ortasına bir rəf qoyun. Fırını 450 ° F-ə qədər qızdırın. Çuğundurları ovuşdurun və böyük bir alüminium folqa təbəqəsinə sarın, möhkəm bağlayın. Paketi bir çörək qabına qoyun. Ölçüsündən asılı olaraq 45-75 dəqiqə bişirin və ya çuğundurlar iti bıçaqla folqadan deşildikdə yumşaq olana qədər bişirin. Çuğundurları folqa içində sərinləyin. Çuğundurları soyun və doğrayın.

2. Bişmiş makaronu saxlamaq üçün kifayət qədər böyük bir tavaya yağı tökün. Sarımsaq və doğranmış qırmızı bibər əlavə edin. Sarımsaq qızılı olana qədər orta istilikdə təxminən 2 dəqiqə bişirin. Çuğundurları əlavə edin və yağ qarışığında qızdırılana qədər qarışdırın.

3. Böyük bir qazanda ən azı 4 litr su qaynatın. 2 xörək qaşığı duz, sonra makaron əlavə edin. Yaxşı qarışdırın. Makaron al dente, yumşaq, lakin dişləmə üçün möhkəm olana qədər tez-tez qarışdıraraq yüksək odda bişirin.

4. Pişirmə suyunun bir hissəsini saxlayaraq, makaronu boşaltın. Linqvini çuğundurla birlikdə tavaya tökün. Bişirmə suyundan bir az əlavə edin və orta istilikdə bişirin, makaronu çəngəl və qaşıq ilə bərabər rənglənənə qədər çevirin, təxminən 2 dəqiqə. Dərhal xidmət edin.

Çuğundur və Yaşıllar ilə yay bağları

Barbabietole üçün Farfalle

4-6 porsiya təşkil edir

Bu bir variasiyadırÇuğundur və Sarımsaq ilə Linguinehəm çuğundur, həm də çuğundur göyərti istifadə edərək resept. Çuğundurun zirvələri ləng və ya qəhvəyi görünürsə, bir funt və ya daha çox təzə ispanaq, İsveçrə pazı və ya digər göyərti ilə əvəz edin.

1 dəstə təzə qırmızı çuğundur (4-5 çuğundur)

⅓ stəkan zeytun yağı

2 böyük sarımsaq, incə doğranmışdır

Duz və təzə üyüdülmüş qara bibər

1 funt farfalle

4 unsiya ricotta salata, doğranmışdır

1. Fırının ortasına bir rəf qoyun. Fırını 450 ° F-ə qədər qızdırın. Çuğundurun göyərtilərini kəsin və kənara qoyun. Çuğundurları ovuşdurun və böyük bir alüminium folqa təbəqəsinə sarın, möhkəm bağlayın. Paketi bir çörək qabına qoyun. Ölçüsündən asılı olaraq 45-75 dəqiqə və ya çuğundurlar iti bıçaqla folqadan

deşildikdə yumşaq olana qədər bişirin. Çuğundurları folqa içində sərinləyin. Folqanı açın, sonra çuğunduru soyun və doğrayın.

2. Yaşılları yaxşı yuyun və sərt sapları çıxarın. Böyük bir qazan suyu qaynadək gətirin. Dadmaq üçün göyərti və duz əlavə edin. 5 dəqiqə və ya göyərti demək olar ki, yumşaq olana qədər bişirin. Yaşılları süzün və axan suyun altında sərinləyin. Yaşılları incə doğrayın.

3. Bütün makaron və tərəvəzləri saxlamaq üçün kifayət qədər böyük bir tavaya yağı tökün. Sarımsağı əlavə edin. Sarımsaq qızılı olana qədər orta istilikdə təxminən 2 dəqiqə bişirin. Çuğundur və göyərti və bir çimdik duz və istiot əlavə edin. Hazırlayın, qarışdırın, təxminən 5 dəqiqə və ya tərəvəzlər qızdırılana qədər.

4. Böyük bir qazanda ən azı 4 litr su qaynatın. 2 xörək qaşığı duz, sonra makaron əlavə edin. Yaxşı qarışdırın. Makaron al dente, yumşaq, lakin dişləmə üçün möhkəm olana qədər tez-tez qarışdıraraq yüksək odda bişirin.

5. Pişirmə suyunun bir hissəsini saxlayaraq, makaronu boşaltın. Çuğundur ilə tavaya makaron əlavə edin. Yemək suyunun bir hissəsini əlavə edin və makaronu daim qarışdıraraq, bərabər rəng alana qədər təxminən 1 dəqiqə bişirin. Pendir əlavə edin və

yenidən qarışdırın. Dərhal təzə üyüdülmüş qara bibərin bol səpilməsi ilə xidmət edin.

Salat ilə makaron

Makaron al Insalata

4-6 porsiya təşkil edir

Təzə tərəvəz salatı ilə atılan makaron sevimli yüngül yay yeməyidir. Bunu Piemontdakı dostları ziyarət edərkən yaşadım. Onu çox uzun müddət saxlamağa icazə verməyin, əks halda tərəvəzlər parlaq dadını və görünüşünü itirəcək.

2 orta pomidor, doğranmış

1 orta şüyüd soğanı, kəsilmiş və dişlək ölçülü parçalara kəsilmişdir

1 kiçik qırmızı soğan, doğranmışdır

¼ stəkan bakirə zeytun yağı

2 xörək qaşığı reyhan nazik lentlərə kəsilir

Duz və təzə üyüdülmüş qara bibər

2 stəkan doğranmış rukkola, dişlək ölçülü parçalara kəsilmişdir

1 funt dirsəklər

1. Böyük bir xidmət qabında dadmaq üçün pomidor, şüyüd, soğan, zeytun yağı, reyhan, duz və istiotu birləşdirin. Yaxşı qarışdırın. Üzərinə arugula ilə.

2. Böyük bir qazanda ən azı 4 litr su qaynatın. 2 xörək qaşığı duz, sonra makaron əlavə edin. Makaron al dente, yumşaq, lakin dişləmə üçün möhkəm olana qədər tez-tez qarışdıraraq yüksək odda bişirin. Pişirmə suyunun bir hissəsini kənara qoyun. Pastanı boşaltın.

3. Salat qarışığı ilə makaronu qarışdırın. Makaron quru görünürsə, bir az qaynar su əlavə edin. Dərhal xidmət edin.

Qovrulmuş Pomidor ilə Fusilli

Fusilli con Pomodori al Forno

4-6 porsiya təşkil edir

Qovrulmuş pomidorlar evimdə ən çox sevdiyim yan yeməkdir, balıq, dana pirzolası və ya biftek ilə xidmət etdiyim yeməkdir. Bir gün böyük bir tava dolusu hazırlamışdım, ancaq qurudulmuş makarondan başqa onlara xidmət edəcək heç nə yox idi. Mən qovrulmuş pomidorları və onların şirələrini təzə bişmiş fusilli ilə atdım. İndi hər zaman edirəm.

2 funt yetişmiş gavalı pomidoru (təxminən 12-14), 1/4 düym qalınlığında dilimlərə kəsin

3 böyük sarımsaq, incə doğranmışdır

1/2 çay qaşığı qurudulmuş oregano

Duz və təzə üyüdülmüş qara bibər

1/3 stəkan zeytun yağı

1 funt fusilli

1/2 fincan doğranmış təzə reyhan və ya düz yarpaqlı cəfəri

1. Fırının ortasına bir rəf qoyun. Fırını 400 ° F-ə qədər qızdırın. 13 × 9 × 2 düymlük çörək qabını və ya qovurma qabını yağlayın.

2. Hazırlanmış qabda pomidor dilimlərinin yarısını yayın. Zövqə görə sarımsaq, oregano, duz və istiot səpin. Qalan pomidorlarla üstünə qoyun. Yağla çiləyiniz.

3. Pomidorlar çox yumşaq olana qədər bişirin, 30-40 dəqiqə. Yeməyi sobadan çıxarın.

4. Böyük bir qazanda ən azı 4 litr su qaynadın. 2 xörək qaşığı duz, sonra makaron əlavə edin. Yaxşı qarışdırın. Makaron al dente, yumşaq, lakin dişləmə üçün möhkəm olana qədər tez-tez qarışdıraraq yüksək odda bişirin. Pişirmə suyunun bir hissəsini saxlayaraq, makaronu boşaldın.

5. Makaronu bişmiş pomidorların üzərinə qoyun və yaxşıca qarışdırın. Fesləğen və ya cəfəri əlavə edin və makaron quru görünürsə, ehtiyatda olan yemək suyunun bir hissəsini əlavə edərək yenidən atın. Dərhal xidmət edin.

Kartof, Pomidor və Arugula ilə dirsəklər

La Bandiera

6 ilə 8 porsiya təşkil edir

Puglia'da bu makaron "bayraq" adlanır, çünki İtaliya bayrağının qırmızı, ağ və yaşıl rənglərinə malikdir. Bəzi aşpazlar onu daha çox maye ilə hazırlayıb şorba kimi təqdim edirlər.

¼ stəkan zeytun yağı

2 böyük sarımsaq, incə doğranmışdır

Bir çimdik doğranmış qırmızı bibər

1 1/2 funt yetişmiş gavalı pomidoru, qabığı soyulmuş, toxumlanmış və doğranmış (təxminən 3 stəkan)

2 xörək qaşığı doğranmış təzə reyhan

Duz və təzə üyüdülmüş qara bibər

1 funt dirsəklər

3 orta qaynadılmış kartof (1 funt), soyulmuş və 1/2 düymlük parçalara kəsilmiş

2 dəstə arugula, kəsilmiş və 1 düym uzunluğunda kəsilmiş (təxminən 4 fincan)

⅓ fincan təzə qızardılmış Pecorino Romano

1. Makaronu saxlamaq üçün kifayət qədər böyük bir tavaya yağı tökün. Sarımsaq və doğranmış qırmızı bibər əlavə edin. Sarımsaq qızılı olana qədər orta istilikdə 2 dəqiqə bişirin.

2. Dadmaq üçün pomidor, reyhan və duz və istiot əlavə edin. Bir qaynağa gətirin və bəzən qarışdıraraq, sous bir az qalınlaşana qədər təxminən 10 dəqiqə bişirin.

3. Böyük bir qazanda ən azı 4 litr su qaynatın. 2 xörək qaşığı duz, sonra makaron əlavə edin. Yaxşı qarışdırın. Su qaynamağa qayıtdıqda, kartofu qarışdırın. Tez-tez qarışdıraraq, makaron al dente, yumşaq, lakin dişləmə üçün möhkəm olana qədər bişirin.

4. Makaron və kartofu boşaltın, yemək suyunun bir hissəsini ehtiyata qoyun. Makaron, kartof və rukkolayı qaynayan pomidor sousuna qarışdırın. Qarışdıraraq, 1-2 dəqiqə və ya makaron və tərəvəzlər sousla yaxşı örtülənə qədər bişirin. Makaron quru görünürsə, ehtiyatda olan yemək suyunun bir hissəsini əlavə edin.

5. Pendirlə qarışdırın və dərhal xidmət edin.

Roman Country-Stil Linguine

Linguine alla Ciociara

4-6 porsiya təşkil edir

İtalyan şərabı və yeməkləri haqqında yazan dostlarım Diane Darrow və Tom Maresca məni bu Roma makaronu ilə tanış etdi. Adı yerli ləhcədə "kəndli-qadın tərzi" mənasını verir. Yaşıl bolqar bibərinin təzə, otlu dadı bu sadə makaronu qeyri-adi edir.

1 orta yaşıl bolqar bibəri

1/2 stəkan zeytun yağı

2 stəkan soyulmuş, toxumlanmış və doğranmış təzə pomidor və ya süzülmüş və doğranmış konservləşdirilmiş idxal edilmiş İtalyan pomidorları

1/2 stəkan qaba doğranmış Gaeta və ya digər yumşaq yağda qurudulmuş qara zeytun

Duz

Bir çimdik doğranmış qırmızı bibər

1 funt linguine və ya spagetti

1/2 fincan təzə qızardılmış Pecorino Romano

1. Bibəri yarıya bölün, sapı və toxumları çıxarın. Bibəri çox incə uzununa dilimlərə kəsin, sonra dilimləri çarpaz şəkildə üçdə kəsin.

2. Bişmiş spagetti saxlamaq üçün kifayət qədər böyük bir tavada yağı orta istilikdə qızdırın. Pomidor, istiot, zeytun, dadmaq üçün duz və doğranmış qırmızı bibər əlavə edin. Bir qaynağa gətirin və bəzən qarışdıraraq, sous bir az qalınlaşana qədər təxminən 20 dəqiqə bişirin.

3. Böyük bir qazanda ən azı 4 litr su qaynatın. 2 xörək qaşığı duz, sonra makaron əlavə edin. Yaxşı qarışdırın. Makaron al dente, yumşaq, lakin dişləməsi üçün möhkəm olana qədər tez-tez qarışdıraraq yüksək odda bişirin. Pişirmə suyunun bir hissəsini saxlayaraq, makaronu boşaltın.

4. Makaronu sous ilə tavaya əlavə edin. Bişirin və 1 dəqiqə orta istilikdə atın, makaron quru görünürsə, ehtiyatda olan yemək suyunun bir hissəsini əlavə edin. Pendir əlavə edin və yenidən atın. Dərhal xidmət edin.

Bahar Tərəvəzləri və Sarımsaqlı Penne

Penne alla Primavera

4-6 porsiya təşkil edir

Primavera sousunu hazırlamağın klassik yolu qaymaq və yağdan istifadə edilsə də, sarımsaq ilə ətirli zeytun yağı əsasında hazırlanan bu üsul da yaxşıdır.

¼ stəkan zeytun yağı

4 diş sarımsaq, incə doğranmışdır

8 qulançar, dişləmə ölçüsündə kəsilmişdir

4 yaşıl soğan, 1/4 düymlük dilimlərə kəsin

3 çox kiçik zucchini (təxminən 12 unsiya), 1/4 düymlük dilimlərə kəsilmiş

2 orta yerkökü, 1/4 düymlük dilimlərə kəsin

2 xörək qaşığı su

Duz və təzə üyüdülmüş qara bibər

2 stəkan kiçik albalı və ya üzüm pomidoru, yarıya bölünmüşdür

3 xörək qaşığı doğranmış təzə düz yarpaq cəfəri

½ fincan təzə qızardılmış Pecorino Romano

1. Makaronu saxlamaq üçün kifayət qədər böyük bir tavaya yağı tökün. Sarımsağı əlavə edin və orta istilikdə 2 dəqiqə bişirin. Dadmaq üçün qulançar, yaşıl soğan, balqabaq, yerkökü, su və duz və istiot əlavə edin. Tavanı örtün və istiliyi azaldın. Yerkökü demək olar ki, yumşaq olana qədər bişirin, 5-10 dəqiqə.

2. Böyük bir qazanda ən azı 4 litr su qaynatın. 2 xörək qaşığı duz, sonra makaron əlavə edin. Yaxşı qarışdırın. Makaron al dente, yumşaq, lakin dişləməsi üçün möhkəm olana qədər tez-tez qarışdıraraq yüksək odda bişirin. Pişirmə suyunun bir hissəsini saxlayaraq, makaronu boşaltın.

3. Pomidor və cəfərini tərəvəz ilə tavaya qarışdırın və yaxşıca atın. Makaron və pendir əlavə edin və makaron quru görünürsə, ehtiyatda olan yemək suyunun bir hissəsini əlavə edərək yenidən atın. Dərhal xidmət edin.

Kremli və Göbələkli "Sürüklənmiş" Makaron

Pasta Strascinata

4-6 porsiya təşkil edir

Umbriadakı Torgiano'ya baş çəkməyin əsas səbəbi, gözəl restoranı olan gözəl bir ölkə mehmanxanası olan Le Tre Vaselle-də qalmaqdır. Ərimlə mən bir neçə il əvvəl orada bu qeyri-adi "sürüklənmiş" makaron yedik. Pennette kimi tanınan qısa, uclu makaron boruları risotto üslubunda sousda bişirilirdi. Mən heç yerdə belə bişmiş makaron görməmişəm.

Texnika tamamilə fərqli olduğundan, başlamazdan əvvəl resepti oxumağınızdan əmin olun və başlamazdan əvvəl bulyon qızdırılıb və bütün maddələr əlinizdə olsun.

Lungarotti şərab istehsalçıları ailəsi Le Tre Vaselle'nin sahibidir və onların Rubesco kimi əla qırmızı şərablarından biri bu makaronla ideal olardı.

1 orta soğan, incə doğranmışdır

6 xörək qaşığı zeytun yağı

1 funt pennette, ditalini və ya tubetti

2 xörək qaşığı konyak

5 stəkan isti evdə hazırlanmışƏt Bulyonuvə yaToyuq Bulyonuvə ya 2 stəkan konservləşdirilmiş bulyon 3 stəkan su ilə qarışdırılır

8 unsiya dilimlənmiş ağ göbələk

Duz və təzə üyüdülmüş qara bibər

¾ stəkan ağır krem

1 stəkan qızardılmış Parmigiano-Reggiano

1 xörək qaşığı doğranmış təzə düz yarpaq cəfəri

1. Bütün makaronu saxlamaq üçün kifayət qədər böyük bir tavada soğanı 2 xörək qaşığı yağda orta istilikdə yumşaq və qızılı rəngə qədər təxminən 10 dəqiqə bişirin. Soğanı bir qaba sürtün və qabı silin.

2. Qalan 4 xörək qaşığı yağı tavaya tökün və orta istilikdə qızdırın. Makaron əlavə edin və tez-tez qarışdıraraq, makaron qızarmağa başlayana qədər təxminən 5 dəqiqə bişirin. Konyak əlavə edin və buxarlanana qədər bişirin.

3. Soğanı tavaya qaytarın və 2 stəkan isti bulyonda qarışdırın. İstiliyi orta səviyyəyə çevirin və bulyonun çox hissəsi udulana qədər tez-tez qarışdıraraq bişirin. Bulyondan daha 2 stəkan

qarışdırın. Mayenin çox hissəsi udulmuş zaman, göbələkləri qarışdırın. Qarışdırmağa davam etdikcə, makaronu nəm saxlamaq üçün qalan bulyonu az-az əlavə edin. Dadmaq üçün duz və istiot əlavə edin.

4. Bulyonu əlavə etməyə başladığınız vaxtdan təxminən 12 dəqiqə sonra makaron demək olar ki, al dente, yumşaq, lakin dişləmə üçün möhkəm olmalıdır. Kremi qarışdırın və bir az qalınlaşana qədər, təxminən 1 dəqiqə bişirin.

5. Tavanı oddan çıxarın və pendirlə qarışdırın. Cəfəri ilə qarışdırın və dərhal xidmət edin.

Roma Pomidoru və Mozzarella Pastası

Makaron alla Checca

4-6 porsiya təşkil edir

Ərim Romada bu makarondan ilk dəfə dadına baxanda onu o qədər bəyəndi ki, qaldığımız müddətdə demək olar ki, hər gün yedi. Kremli təzə mozzarella və həqiqətən yetişmiş pomidorlardan istifadə etdiyinizə əmin olun. Bu mükəmməl yay günü makaronudur.

3 orta ölçülü yetişmiş pomidor

¼ stəkan bakirə zeytun yağı

1 kiçik sarımsaq, incə doğranmışdır

Duz və təzə üyüdülmüş qara bibər

20 reyhan yarpağı

1 funt tubetti və ya ditalini

8 unsiya təzə mozzarella, kiçik zarlara kəsilmiş

1. Pomidorları yarıya bölün və nüvəni çıxarın. Pomidor toxumlarını sıxın. Pomidorları doğrayın və bütün maddələri saxlayacaq qədər böyük bir qaba qoyun.

2. Zövqə görə yağ, sarımsaq və duz və istiot əlavə edin. Fesleğen yarpaqlarını yığın və nazik lentlərə kəsin. Pomidorların içinə reyhan qarışdırın. Bu sousu vaxtından əvvəl hazırlamaq və otaq temperaturunda 2 saata qədər saxlamaq olar.

3. Böyük bir qazanda ən azı 4 litr su qaynatın. 2 xörək qaşığı duz, sonra makaron əlavə edin. Yaxşı qarışdırın. Makaron al dente, yumşaq, lakin dişləməsi üçün möhkəm olana qədər tez-tez qarışdıraraq yüksək odda bişirin. Pastanı süzün və sousla səpin. Mozzarella əlavə edin və yenidən qarışdırın. Dərhal xidmət edin.

Tuna və Pomidor ilə Fusilli

Fusilli al Tonno

4-6 porsiya təşkil edir

Nadir hallarda qızardılmış yaxşı təzə tuna bifteklərindən həzz aldığım qədər, yəqin ki, konservləşdirilmiş tuna balığını daha çox sevirəm. Bu, əlbəttə ki, əla sendviçlər və salatlar hazırlayır, lakin italyanların bunun üçün klassik Vitello Tonnato kimi bir sıra başqa istifadələri var. <u>Tuna sousunda dana əti</u>) dana əti üçün, ya da pasta halında hazırlanır, ya da aşpazların Siciliyada tez-tez hazırladıqları kimi makaronla birləşdirilir. Bu sous üçün su ilə doldurulmuş tuna balığını istifadə etməyin. Dadı çox yumşaqdır və teksturası çox nəmdir. Ən yaxşı ləzzət və tekstura üçün İtaliya və ya İspaniyadan zeytun yağı ilə dolu tuna balığından istifadə edin.

3 orta pomidor, doğranmış

1 (7 unsiya) zeytun yağı ilə qablaşdırılan italyan və ya ispan tunası idxal edilə bilər

10 təzə reyhan yarpağı, doğranmışdır

1/2 çay qaşığı qurudulmuş oregano, xırdalanmış

Bir çimdik doğranmış qırmızı bibər

Duz

1 funt fusilli və ya rotelle

1. Böyük bir qabda pomidor, tuna balığı yağı, reyhan, oregano, qırmızı bibər və dadmaq üçün duzu birləşdirin.

2. Böyük bir qazanda ən azı 4 litr su qaynatın. 2 xörək qaşığı duz, sonra makaron əlavə edin. Yaxşı qarışdırın. Makaron al dente, yumşaq, lakin dişləməsi üçün möhkəm olana qədər tez-tez qarışdıraraq yüksək odda bişirin. Pişirmə suyunun bir hissəsini kənara qoyun. Pastanı boşaltın.

3. Makaronu sousla qarışdırın. Makaron quru görünürsə, bir az qaynar su əlavə edin. Dərhal xidmət edin.

Siciliya Pesto ilə Linguine

Linguine al Pesto Trapanese

4-6 porsiya təşkil edir

Pesto sousu adətən Liguriya ilə əlaqələndirilir, lakin bu, əsasən reyhan və sarımsaq növünə aiddir. İtalyan dilində Pesto, əzilmiş, doğranmış və ya püresi olan hər şeyə aiddir, bu sousu adətən Siciliyanın qərbindəki bir dənizkənarı şəhər olan Trapanidə necə hazırlanır.

Bu yeməkdə çoxlu ləzzət var; pendir lazım deyil.

½ fincan ağardılmış badam

2 böyük diş sarımsaq

½ fincan qablaşdırılmış təzə reyhan yarpaqları

Duz və təzə üyüdülmüş qara bibər

1 funt təzə pomidor, soyulmuş, toxumlanmış və doğranmışdır

⅓ fincan əlavə bakirə zeytun yağı

1 funt linguine

1. Qida prosessorunda və ya qarışdırıcıda badam, sarımsaq, reyhan, duz və istiotu dadmaq üçün birləşdirin. Tərkibləri incə doğrayın. Pomidor və yağ əlavə edin və hamarlanana qədər emal edin.

2. Böyük bir qazanda ən azı 4 litr su qaynatın. 2 xörək qaşığı duz, sonra makaron əlavə edin, makaron tamamilə su ilə örtülənə qədər yavaşca aşağı itələyin. Yaxşı qarışdırın. Makaron al dente, yumşaq, lakin dişləməsi üçün möhkəm olana qədər tez-tez qarışdıraraq yüksək odda bişirin. Pişirmə suyunun bir hissəsini kənara qoyun. Pastanı boşaltın.

3. Makaronu böyük bir isti xidmət qabına tökün. Sousu əlavə edin və yaxşıca qarışdırın. Makaron quru görünürsə, ehtiyatda olan makaron suyundan bir az əlavə edin. Dərhal xidmət edin.

"Crazy" Pesto ilə spagetti

Spagetti al Pesto Matto

4-6 porsiya təşkil edir

Bu resept İtaliyadakı Agnesi makaron şirkəti tərəfindən nəşr olunan "Makaron bişirməyin həzzləri" kitabçasından uyğunlaşdırılmışdır. Reseptlər ev aşpazları tərəfindən təqdim edildi və bu reseptin müəllifi yəqin ki, bu qeyri-ənənəvi pesto (buna görə də adı) improvizə edib.

2 orta yetişmiş pomidor, soyulmuş, toxumlanmış və doğranmışdır

½ fincan doğranmış qara zeytun

6 reyhan yarpağı, yığılmış və nazik lentlərə kəsilmişdir

1 xörək qaşığı doğranmış təzə kəklikotu

¼ stəkan zeytun yağı

Duz və təzə üyüdülmüş qara bibər

1 funt spagetti və ya linguine

4 unsiya yumşaq təzə keçi pendiri

1. Böyük bir xidmət qabında dadmaq üçün pomidor, zeytun, reyhan, kəklikotu, yağ və duz və istiotu qarışdırın.

2. Böyük bir qazanda ən azı 4 litr su qaynatın. 2 xörək qaşığı duz, sonra makaron əlavə edin, makaron tamamilə su ilə örtülənə qədər yavaşca aşağı itələyin. Yaxşı qarışdırın. Makaron yumşaq olana qədər tez-tez qarışdıraraq yüksək odda bişirin. Pastanı boşaltın.

3. Makaronu pomidorla birlikdə qaba əlavə edin və yaxşıca qarışdırın. Keçi pendirini əlavə edin və yenidən atın. Dərhal xidmət edin.

Bişməmiş Puttaneska sousu ilə papyon

Farfalle alla Puttanesca

4-6 porsiya təşkil edir

Bu makaron sousunda olan maddələr üçün olanlara bənzəyir<u>Hamsi və ədviyyatlı pomidor sousu ilə lingvin</u>, lakin ləzzət tamamilə fərqlidir, çünki bu sous heç bir bişirmə tələb etmir.

1 pint albalı və ya üzüm pomidoru, yarıya bölünmüşdür

6-8 hamsi filesi, doğranmış

1 böyük sarımsaq, çox incə doğranmışdır

½ stəkan çəyirdəkli və doğranmış Gaeta və ya digər yumşaq qara zeytun

¼ fincan incə doğranmış təzə düz yarpaqlı cəfəri

2 xörək qaşığı kapers, yuyulur və doğranır

½ çay qaşığı qurudulmuş oregano

¼ stəkan bakirə zeytun yağı

Dadmaq üçün duz

Bir çimdik doğranmış qırmızı bibər

1 funt farfalle və ya qurudulmuş fettuccine

1. Böyük bir xidmət qabında pomidor, hamsi, sarımsaq, zeytun, cəfəri, kapari, oregano, yağ, duz və qırmızı bibər birləşdirin. Otaq temperaturunda 1 saat dayanaq.

2. Böyük bir qazanda ən azı 4 litr su qaynatın. 2 xörək qaşığı duz, sonra makaron əlavə edin. Yaxşı qarışdırın. Makaron yumşaq olana qədər tez-tez qarışdıraraq yüksək odda bişirin. Pişirmə suyunun bir hissəsini kənara qoyun. Pastanı boşaltın.

3. Makaronu sousla qarışdırın. Makaron quru görünürsə, bir az qaynar su əlavə edin. Dərhal xidmət edin.

Çiy tərəvəz ilə makaron

Makaron alla Crudaiola

4-6 porsiya təşkil edir

Kərəviz bu asan yay makaronuna xırtıldayan və limon suyu təmiz, yüngül ləzzət əlavə edir.

2 kilo yetişmiş pomidor, soyulmuş, toxumlanmış və doğranmışdır

1 diş sarımsaq, çox incə doğranmışdır

1 fincan tender kərəviz qabırğası, incə dilimlənmişdir

½ fincan reyhan yarpaqları, yığılmış və nazik lentlərə kəsilmişdir

½ stəkan Gaeta və ya digər yumşaq qara zeytun, çəyirdəkləri soyulmuş və doğranmışdır

¼ stəkan bakirə zeytun yağı

1 xörək qaşığı limon suyu

Duz və təzə üyüdülmüş qara bibər

1 funt fusilli və ya gemelli

1. Pomidorları sarımsaq, kərəviz, reyhan və zeytun ilə böyük bir qaba qoyun və yaxşıca atın. Zövqə görə yağ, limon suyu və duz və istiot əlavə edib qarışdırın.

2. Böyük bir qazanda ən azı 4 litr su qaynatın. 2 xörək qaşığı duz, sonra makaron əlavə edin. Yaxşı qarışdırın. Makaron yumşaq olana qədər tez-tez qarışdıraraq yüksək odda bişirin. Pastanı süzün, sonra tez sousla yaxşıca atın. Dərhal xidmət edin.

"Tələsin" Spagetti

Spagetti Sciue 'Sciue'

4-6 porsiya təşkil edir

Kiçik üzüm pomidorları böyük bir pomidor dadına malikdir və bütün il boyu mövsümdədir. Albalı pomidorları da bu reseptdə yaxşı işləyir. Neapol dilində sciue' sciue' (şou-ay, shoo-ay kimi oxunur) ifadəsi "tələsin" kimi bir şey deməkdir və bu sousu tez hazırlanır.

¼ stəkan zeytun yağı

3 diş sarımsaq, incə dilimlənmiş

Bir çimdik doğranmış qırmızı bibər

3 stəkan üzüm pomidoru və ya albalı pomidoru, yarıya bölünmüşdür

Duz

Bir çimdik qurudulmuş oregano, xırdalanmış

1 funt spagetti

1. Bişmiş makaronu saxlamaq üçün kifayət qədər böyük bir tavaya yağı tökün. Sarımsaq və qırmızı bibər əlavə edin. Sarımsaq yüngül qızılı olana qədər orta istilikdə təxminən 2 dəqiqə bişirin.

Pomidor, dadmaq üçün duz və oregano əlavə edin. Bir və ya iki dəfə qarışdıraraq, 10 dəqiqə və ya pomidorlar yumşaq olana və şirələr bir az qalınlaşana qədər bişirin. İstiliyi söndürün.

2. Böyük bir qazanda ən azı 4 litr su qaynatın. 2 xörək qaşığı duz, sonra makaron əlavə edin, makaron tamamilə su ilə örtülənə qədər yavaşca aşağı itələyin. Yaxşı qarışdırın. Makaron al dente, yumşaq, lakin dişləməsi üçün möhkəm olana qədər tez-tez qarışdıraraq yüksək odda bişirin. Pişirmə suyunun bir hissəsini saxlayaraq, makaronu boşaltın.

3. Makaronu pomidor sousu ilə tavaya qoyun. İstiliyi yüksək səviyyəyə qoyun və 1 dəqiqə qarışdıraraq bişirin. Makaron quru görünürsə, bir az qaynar su əlavə edin. Dərhal xidmət edin.

"Qəzəbli" Penne

Penne all'Arrabbiata

4-6 porsiya təşkil edir

Bu Roma üslublu penne pomidor sousunun qırmızı-isti ləzzətinə görə "qəzəbli" adlanır. İstədiyiniz qədər çox və ya az doğranmış qırmızı bibər istifadə edin. Bu makaron adətən pendirsiz verilir.

¼ stəkan zeytun yağı

4 diş sarımsaq, yüngülcə əzilmiş

Zövqə görə doğranmış qırmızı bibər

2 funt təzə pomidor, soyulmuş, toxumlanmış və doğranmış və ya 1 (28 unsiya) idxal edilmiş italyan soyulmuş pomidor, qurudulmuş və doğranmışdır

2 təzə reyhan yarpağı

Duz

1 funt penne

1. Bütün makaronları tutacaq qədər böyük bir tavaya yağı tökün. Sarımsaq və bibər əlavə edin və sarımsaq dərin qızılı olana qədər təxminən 5 dəqiqə bişirin. Sarımsağı çıxarın.

2. Dadmaq üçün pomidor, reyhan və duz əlavə edin. 15-20 dəqiqə və ya sousu qalınlaşana qədər bişirin.

3. Böyük bir qazanda ən azı 4 litr su qaynatın. 2 xörək qaşığı duz, sonra makaron əlavə edin. Yaxşı qarışdırın. Makaron al dente, yumşaq, lakin dişləməsi üçün möhkəm olana qədər tez-tez qarışdıraraq yüksək odda bişirin. Pişirmə suyunun bir hissəsini kənara qoyun. Pastanı boşaltın.

4. Penni tavaya köçürün və yüksək atəşə yaxşıca atın. Makaron quru görünürsə, bir az qaynar su əlavə edin. Dərhal xidmət edin.

Rikota və pomidor sousu ilə Riqatoni

Rigatoni ilə Ricotta və Salsa di Pomodoro

4-6 porsiya təşkil edir

Bu, olduqca qarşısıalınmaz olan makaron xidmətinin köhnə dəbli cənub İtalyan üsuludur. Bəzi aşpazlar makaronu sadəcə pomidor sousu ilə bəzəməyi, sonra ricottanı ayrıca keçirməyi, bəziləri isə xidmət etməzdən əvvəl hamısını qarışdırmağı xoşlayır. Seçim sizin ixtiyarınızdadır.

2 1/2 stəkan pomidor sousu

1 funt riqatoni, qabıq və ya cavatelli

Duz

1 stəkan bütöv və ya qismən yağsız ricotta, otaq temperaturunda

Zövqə görə təzə rəndələnmiş Pecorino Romano və ya Parmigiano-Reggiano

1. Lazım gələrsə, sousu hazırlayın. Böyük bir qazanda ən azı 4 litr su qaynatın. 2 xörək qaşığı duz, sonra makaron əlavə edin. Yaxşı qarışdırın. Makaron al dente, yumşaq, lakin dişləməsi üçün möhkəm olana qədər tez-tez qarışdıraraq yüksək odda bişirin.

2. Makaron bişirilərkən, lazım olduqda sousu bir qaynadək gətirin.

3. Bir az isti sousu qızdırılan bir qaba tökün. Pastanı boşaltın və qaba qoyun. Dərhal atın, dadmaq üçün daha çox sous əlavə edin. Rikotta əlavə edin və yaxşıca qarışdırın. Sürtgəcdən keçirilmiş pendiri ayrıca keçirin. Dərhal xidmət edin.

Albalı Pomidoru və Çörək qırıntıları ilə papyon

Farfalle al Pomodorini və Briciole

4-6 porsiya təşkil edir

Bu makaron hazırda İtaliyada çox dəbdədir. Üzərinə bir az sızma zeytun yağı ilə xidmət edin.

6 xörək qaşığı zeytun yağı

1 kilo albalı və ya üzüm pomidoru, uzununa ikiyə bölünmüşdür

½ fincan adi quru çörək qırıntıları

¼ fincan təzə qızardılmış Pecorino Romano

2 xörək qaşığı doğranmış təzə düz yarpaqlı cəfəri

Duz və təzə üyüdülmüş qara bibər

1 funt farfalle

Ekstra bakirə zeytun yağı

1. Fırının ortasına bir rəf qoyun. Fırını 350 ° F-ə qədər qızdırın. 13 × 9 × 2 düymlük bir çörək qabına 4 xörək qaşığı yağ tökün. Pomidorları kəsilmiş tərəfi yuxarıya doğru tavaya yayın.

2. Kiçik bir qabda qırıntıları, pendiri, cəfərini, qalan 2 xörək qaşığı zeytun yağı və dadmaq üçün duz və istiotu birləşdirin. Pomidorların üzərinə qırıntıları səpin. 30 dəqiqə və ya pomidorlar yumşaq olana və qırıntılar yüngülcə qızardılana qədər bişirin.

3. Böyük bir qazanda ən azı 4 litr su qaynatın. 2 xörək qaşığı duz, sonra makaron əlavə edin. Yaxşı qarışdırın. Tez-tez qarışdıraraq, makaron yumuşayana qədər, lakin bir qədər az bişirilənə qədər yüksək istilikdə bişirin. Makaronu boşaltın və pomidor və sızma zeytun yağı ilə tavaya atın. Dərhal xidmət edin.

Doldurulmuş qabıqlar

Conchiglie Ripiene

6 ilə 8 porsiya təşkil edir

Jumbo makaron qabıqları pomidor sousu dənizində üzən qayıqlara bənzəyir. Zəngin doldurulması səbəbindən bu resept 6-8 porsiya təşkil edəcək. Bu qabıqlar bir partiya üçün gözəldir.

4 stəkan sevimli pomidor sousu və ya ragù,

Duz

1 paket (12 unsiya) jumbo qabıqları

2 funt tam və ya qismən yağsız ricotta

8 unsiya təzə mozzarella, doğranmışdır

1 stəkan təzə qızardılmış Parmigiano-Reggiano

2 xörək qaşığı doğranmış təzə düz yarpaqlı cəfəri

1 yumurta, yüngülcə döyülmüşdür

Təzə üyüdülmüş qara bibər

1. Lazım gələrsə, sousu hazırlayın. Böyük bir qazanda ən azı 4 litr su qaynatın. 2 xörək qaşığı duz, sonra makaron əlavə edin. Yaxşı qarışdırın. Makaron təxminən yarım bişmiş, elastik, lakin hələ də çox möhkəm olana qədər tez-tez qarışdıraraq yüksək odda bişirin. Makaronu boşaltın və böyük bir qabda soyuq suya atın.

2. Rikotta, mozzarella, 1/2 fincan Parmigiano, cəfəri, yumurta və dadmaq üçün duz və istiotu qarışdırın.

3. Fırının ortasına bir rəf qoyun. Fırını 350 ° F-ə qədər qızdırın. Qabıqları bir təbəqədə saxlamaq üçün kifayət qədər böyük bir çörək qabına nazik bir qat sous qoyun. Makaron qabıqlarını yaxşıca süzün və qurudun. Qabıqları pendir qarışığı ilə doldurun və qaba yan-yana qoyun. Qalan sousu üzərinə qaşıqlayın. Qalan 1/2 fincan pendirlə səpin.

4. Qabıqları 25-30 dəqiqə və ya sous köpürənə və qabıqlar qızdırılana qədər bişirin.

Pecorino və Bibər ilə spagetti

Spagetti Cacio və Pepe

4-6 porsiya təşkil edir

Qurudulmuş makaron 14-cü əsrdə Neapolda ticari olaraq hazırlanmağa başladı. Makaron istehsalçısı vermicellaio kimi tanınırdı və makaron "kiçik qurdlar" mənasını verən ümumi ad vermicelli ilə adlanırdı, çünki makaronların çoxu uzun iplər halında hazırlanırdı.

Romalılar bu tez makaronu çoxlu qara bibər və Pecorino Romano ilə hazırlayırlar. Bu qədər az inqrediyentli bu yeməkdə keyfiyyətli təzə pecorino istifadə edin və ən yaxşı ləzzət üçün istifadə etməyə hazır olmamışdan əvvəl onu sürtgəcdən keçirin.

Duz

1 funt spagetti və ya linguine

2 xörək qaşığı sızma zeytun yağı

1 xörək qaşığı iri üyüdülmüş qara bibər

1 stəkan təzə qızardılmış Pecorino Romano

1. Böyük bir qazanda ən azı 4 litr su qaynatın. 2 xörək qaşığı duz, sonra makaron əlavə edin, makaron tamamilə su ilə örtülənə qədər yavaşca aşağı itələyin. Yaxşı qarışdırın. Makaron al dente, yumşaq, lakin dişləmə üçün möhkəm olana qədər tez-tez qarışdıraraq yüksək odda bişirin. Pişirmə suyunun bir hissəsini saxlayaraq, makaronu boşaltın.

2. Böyük bir xidmət qabında, makaronu yağ, istiot, pendirin yarısı və pendir əriyənə qədər bir az yemək suyu ilə atın. Qalan pendirlə yenidən makaron atın. Dərhal xidmət edin.

Limon ilə linqvine

Linguine al Limone

4-6 porsiya təşkil edir

Bu resept üçün maddələr - makaron, yağ, limon və pendir - İtalyan natürmortu ola bilər. Bunu etmək çox asandır; makaron bişərkən sousu hazırlaya bilərsiniz. Bir variasiya olaraq, xidmət etməzdən əvvəl makarnaya doğranmış reyhan və ya cəfəri əlavə edin.

1 çubuq (4 unsiya) duzsuz kərə yağı

Bir limonun rəndələnmiş qabığı

2 xörək qaşığı təzə limon suyu

Duz

Təzə üyüdülmüş qara bibər

1 funt linguine

¾ fincan təzə qızardılmış Parmigiano-Reggiano

1. Bütün makaronları tutacaq qədər böyük bir tavada kərə yağı orta istilikdə əridin. Ocaqdan götürün və dadmaq üçün limon qabığı və suyu, bir çimdik duz və istiot əlavə edin.

2. Böyük bir qazanda ən azı 4 litr su qaynatın. 2 xörək qaşığı duz, sonra makaron əlavə edin, makaron tamamilə su ilə örtülənə qədər yavaşca aşağı itələyin. Yaxşı qarışdırın. Makaron al dente, yumşaq, lakin dişləmə üçün möhkəm olana qədər tez-tez qarışdıraraq yüksək odda bişirin. Pişirmə suyunun bir hissəsini saxlayaraq, makaronu boşaltın.

3. Makaronu sousa əlavə edin və yaxşıca qarışdırın. Pendir əlavə edin və yenidən atın. Makaron quru görünürsə, bir və ya iki xörək qaşığı qaynar su ilə qarışdırın. Dərhal xidmət edin.

Ricotta və Otlar ilə Linguine

Linguine con Ricotta və Erbe Fini

4-6 porsiya təşkil edir

Bu bildiyim ən sürətli makaronlardan biridir və ləzzətli yay yeməyidir. Təzə pomidor və qırmızı soğan salatı ilə xidmət edin.

1 funt linguine

Duz

¼ stəkan bakirə zeytun yağı

2 xörək qaşığı doğranmış təzə soğan

2 xörək qaşığı incə doğranmış təzə düz yarpaqlı cəfəri

1 xörək qaşığı doğranmış təzə kəklikotu

1 çay qaşığı doğranmış təzə rozmarin yarpaqları

1 stəkan tam və ya qismən yağsız rikotta

Təzə üyüdülmüş qara bibər

1. Böyük bir qazanda ən azı 4 litr su qaynatın. 2 xörək qaşığı duz, sonra makaron əlavə edin, makaron tamamilə su ilə örtülənə qədər yavaşca aşağı itələyin. Yaxşı qarışdırın. Makaron al dente, yumşaq, lakin dişləməsi üçün möhkəm olana qədər tez-tez qarışdıraraq yüksək odda bişirin. Pişirmə suyunun bir hissəsini saxlayaraq, makaronu boşaltın.

2. Böyük bir xidmət qabında makaronu yağ və göyərti ilə atın. Rikotta və səxavətli qara bibər əlavə edin və yenidən atın. Makaron quru görünürsə, bir az qaynar su əlavə edin. Dərhal xidmət edin.

www.ingramcontent.com/pod-product-compliance
Lightning Source LLC
Chambersburg PA
CBHW070506120526
44590CB00013B/769